НЕВЕРОЯТНЫЕ ОТКРОВЕНИЯ КАББАЛИСТА

Беседы с Михаэлем Лайтманом

УДК 130.12
ББК 87/Н18

Беседы с Михаэлем Лайтманом
Н18 **НЕВЕРОЯТНЫЕ ОТКРОВЕНИЯ КАББАЛИСТА.** – М: НФ «ИПИ», 2011. – 248 с.

Besedi s Laitmanom Michaelem
N18 **NEVEROYATNIE OTKROVENIYA KABBALISTA.** – M: NF «IPI», 2011 – 248 pages.

ISBN 978-5-91072-040-8

Эта книга – о наслаждении и страдании. О жизни и смерти. О любви и страхе. О деньгах и власти. Об уверенности и счастье. О свободе выбора и собственном «я» человека, – и о многом другом, волнующем каждого. Она состоит из бесед нашего современника, каббалиста и ученого Михаэля Лайтмана, со своими учениками.

Михаэль Лайтман – профессор онтологии и теории познания, является основателем и президентом Ashlag Research Institute и Международной академии каббалы. Профессор Лайтман является автором более 40 книг переведенных на 17 языков.

Михаэль Лайтман – всемирно известный эксперт в области классической каббалы, а также ученик самых выдающихся представителей этой древней мудрости в XX веке, Б. Ашлага и Й. Ашлага, автора комментария Сулам [Лестница] на Книгу Зоар.

УДК 130.12
ББК 87

ISBN 978-5-91072-040-8   © Laitman Kabbalah Publishers, 2011
                              © НФ «Институт перспективных исследований, 2011

НЕВЕРОЯТНЫЕ ОТКРОВЕНИЯ КАББАЛИСТА

Беседы с Михаэлем Лайтманом

СОДЕРЖАНИЕ

О развлечениях 13
О страданиях 21
О наслаждении 33
О страхе 45
Деньги 55
Власть 67
Свобода выбора 79
Уверенность 91
Влияние окружения на человека 101
Свет, возвращающий к Источнику 111
Воображаемая реальность 123
Творец 137
Любовь 149
Первая любовь 161
Личный взгляд 171
Исход из Египта 181
Учитель 195
Счастье 207
О собственном «Я» 219
Дополнительная информация 231

НИВ НАВОН, УЧИТЕЛЬ

Н. Навон: Развлечения. Как Вы развлекаетесь? Что такое хорошее развлечение?

М. Лайтман: Я развлекаюсь всю жизнь. Вся наша жизнь – одно большое развлечение.

Н. Навон: Что это означает? Приведите пример.

М. Лайтман: Скажем, мне нужно добраться отсюда в Тель-Авив. Это примерно пять километров. Я иду пешком и, пока иду, все время страдаю. Я думаю о том, сколько еще осталось, я устаю. Сегодня я был на прогулке – у меня стало традицией каждое утро гулять по берегу моря – те же пять километров. Это прогулка без цели куда-либо добраться, но она – одно наслаждение. В чем разница между тем, что я иду, чтобы добраться куда-то, и бесцельной прогулкой, где я наслаждаюсь каждой минутой? Человек со стороны не увидит разницы. И тут, и там я иду. Все зависит от отношения человека.

Если я отношусь к своей жизни так, что каждое мгновение чувствую связь с этим мгновением и наслаждением, которое могу получить в этот момент, то прогулка – наслаждение, и вся жизнь – одно прекрасное приключение. Если же я все время бегу, не достигая цели, постоянно укоряю себя за это, жизнь становится тяжелее смерти. Все зависит от отношения к жизни: чего ты хочешь от нее и можешь ли в данный момент раскрыть источник жизни, источник наслаждения.

Н. Навон: Как этого добиться?

ИЛЬЯ ВИНОКУР, ПИСАТЕЛЬ

И. Винокур: Тема нашей сегодняшней беседы – «Воображаемая реальность». Вы часто говорите, что реальность, которую мы ощущаем и видим вокруг себя, является воображаемой. Что значит «воображаемая реальность»?

М. Лайтман: …Реальность зависит только лишь от того, кто ее ощущает и наблюдает. Так он рисует ее внутри. И эта реальность воображаемая, поскольку каждый из нас создает свою собственную ее картину, для себя.

И. Винокур: Но какова реальность на самом деле?

М. Лайтман: Ее нет.

И. Винокур: Что значит «нет»?

МАУРО АДМОНИ, ФОТОХУДОЖНИК

М. Адмони: Что происходит, когда человек входит в духовное? Что изменяется в его ощущении?

М. Лайтман: Я чувствую, проснувшись прекрасным утром, после того, как я оказался на другом уровне реальности, что мое «Я» включает в себя все.

М. Адмони: Что это значит?

М. Лайтман: Все. Очень просто: всех людей, весь мир, – все это находится во мне, внутри меня, а не снаружи. То, как они себя ведут, и то, что они делают, – как будто все это происходит во мне, я состою из них, они не существуют вне меня. Когда с ними что-то происходит плохое или хорошее, я не воспринимаю это таким образом. Я вижу, как мои части взаимодействуют между собой, между ними происходит некоторая внутренняя коммуникация. Я действительно вижу мир в себе, ничего не вижу извне. Я говорю о духовном мире.

А на материальном уровне я должен вести себя так, как это принято в материальном мире, то есть воевать, зарабатывать и делать все, что необходимо. Но и здесь тоже, когда я выполняю все эти действия, то вижу, что делаю это, исходя из Высшей необходимости.

М. Адмони: А что же происходит с твоим ощущением? Что это? Миллиарды людей – это «Я»?

М. Лайтман: Они не мешают. Они не мешают, потому что являются частью моего строения, я охватываю их одним взглядом. Также как сейчас мое тело состоит из миллиардов частиц, кислот, электрических сил, и это не сбивает меня с толку, также меня не путает вся эта большая система, ведь, она целиком включается в мое ощущение. Мы же не сходим с ума от этого мира, а ведь в нем так много деталей…

М. Адмони: Почему?

АЛЕКСАНДР КОЗЛОВ, ЭКОНОМИСТ

А. Козлов: Нет человека, который не хотел бы достичь любви и успеха. Но когда он выходит во внешнюю жизнь, то не всегда преуспевает, сталкивается со множеством непредвиденных помех и не понимает, почему не может следовать своему желанию. Человек хочет чего-то достичь, получить наполнение, но, в конечном счете, не способен наполнить свое желание.

Есть те, кто преуспевает, но и у них не все идет гладко. Каббала говорит: «Причина в том, что желание человека эгоистическое, и ему никогда не удастся достичь того, что он действительно хочет». Как наука каббала может помочь человеку, несмотря на его эгоистическое желание, достичь спокойствия, успеха и любви, которые он ищет?

М. Лайтман: В науке каббала нет ответа на подобный вопрос. Каббала вообще не говорит о том, как наполнить эго. Она утверждает, что жизнь может быть иной, если человек перестанет вбирать в себя, как делал до сегодняшнего дня и, в результате, совершенно отчаялся, и уже ничего не хочет. Люди пользуются транквилизаторами, наркотиками, пытаясь убежать от этой жизни. Каббала говорит: «Правильно, ты ощущаешь, что больше не способен работать на получение. Но есть вторая сторона медали, другая сторона жизни, природы – не получающая природа, а природа отдающая».

А. Козлов: Где эта природа?

МИХАИЛ САНИЛЕВИЧ, ПОЛИЦЕЙСКИЙ

М. Санилевич: Что значит «Учитель»?

М. Лайтман: Это сложно объяснить. Все зависит от того, на каком уровне мы говорим. Может ли ребенок знать, кто такой отец? Он не знает об этом. Он то хочет слушать его, то не хочет. Иногда он думает, что знает и понимает больше отца, а если даже нет, то все равно хочет, чтобы было так, как он считает.

Кто такой Учитель?.. А если им пренебрегают, это Учитель или нет? Согласно чему человек считается Учителем? Согласно тому, что его так называют или согласно должности, диплому? Или же это зависит от отношения ученика к тому, кто его учит, и тогда ученик делает этого человека Учителем? А если так, то иногда для него он Учитель, а иногда, может быть, наоборот – он желает сам быть его учителем?

Учитель – это человек, который по твоему желанию берет тебя за руку и ведет к цели, и ты идешь за ним с закрытыми глазами.

М. Санилевич: Каким должно быть самое главное качество Учителя?

О развлечениях

Беседа первая,
из которой мы узнаем, что,
в соответствии с наукой каббала,
человек — это желание получать наслаждение,
не способный толком его получить,
не умеющий по-настоящему насладиться,
находящийся в постоянном беге
за минутными развлечениями
и искусственно создающий себе объекты
наслаждений, которые на самом деле пусты.
Также мы не без удивления слышим о том,
что каббалисты, напротив,
получают удовольствие от каждого
мгновения жизни, и то,
что достичь этого можно с помощью некоего
«требования наслаждения»,
обучение которому требует времени.

Беседа, которая оставляет много вопросов.

СОБЕСЕДНИК НИВ НАВОН

Н. Навон: Добрый день, д-р Лайтман!

М. Лайтман: Добрый день, Нив!

Н. Навон: Наша сегодняшняя тема – развлечения. Как Вы развлекаетесь? Что такое хорошее развлечение?

М. Лайтман: Я развлекаюсь всю жизнь. Вся наша жизнь – одно большое развлечение.

Н. Навон: Что это означает? Приведите пример.

М. Лайтман: Скажем, мне нужно добраться отсюда в Санкт-Петербург. Это примерно пять километров. Я иду пешком и, пока иду, все время страдаю. Я думаю о том, сколько еще осталось, я устаю. Сегодня я был на прогулке – у меня стало традицией каждое утро гулять по берегу моря – те же пять километров. Это прогулка без цели куда-либо добраться, но она – одно наслаждение. В чем разница между тем, что я иду, чтобы добраться куда-то, и бесцельной прогулкой, где я наслаждаюсь каждой минутой? Человек со стороны не увидит разницы. И тут и там я иду. Все зависит от отношения человека.

Если я отношусь к своей жизни так, что каждое мгновение чувствую связь с этим мгновением и наслаждением, которое могу получить в это мгновение, то прогулка – наслаждение, и вся жизнь – одно прекрасное приключение. Если же я все время бегу, не достигая цели, постоянно укоряю себя за это, жизнь становится тяжелее смерти. Все зависит от отношения к жизни: чего ты хочешь от нее и можешь ли в данный момент раскрыть источник жизни, источник наслаждения.

Н. Навон: Как этого добиться?

М. Лайтман: Для этого и существует наука каббала, объясняющая, как воспринимать жизнь, получать наслаждение. Мы представляем собой желание наслаждаться, и наука каббала существует, чтобы помочь нам получить это наслаждение, к которому мы стремимся согласно нашей природе и, кроме него, ничего другого не хотим.

ПОТЕРЯ ПРЕВЫШАЕТ ВЫГОДУ?

Н. Навон: Мы постоянно стремимся к развлечениям, наслаждениям, но нам удается их получить лишь на какое-то короткое время, когда, например, организуем вечеринку или хороший стол…

М. Лайтман: «Потеря превышает выгоду». Ты столько вкладываешь в эти мероприятия, а через час они заканчиваются. Есть наслаждения, которые вообще заканчиваются через несколько минут. После них ничего не остается, кроме пустоты. Возвращается тоска, и нет от этих наслаждений никакой пользы. И тогда человеку его жизнь кажется бесполезной, потому что она превращается в постоянный бег за минутными наслаждениями. Мы должны иначе относиться к жизни, научиться достигать наслаждений без погони за ними, и, находясь в том же месте без движения, найти колодец с живой водой.

Н. Навон: Прежде чем мы поговорим о том, как этого достичь, скажите, для чего мы постоянно должны находиться в погоне за наслаждениями?

М. Лайтман: Мы можем научиться смотреть на жизнь не как на погоню за призрачными наслаждениями (как только мы их достигаем, они тут же исчезают), а найти другой способ получения наслаждений.

Они находятся недалеко.

Я сейчас нахожусь в мире бесконечности, будущем мире, в раю, но только это скрыто от меня. Поэтому наука каббала называется тайной наукой, которая раскрывает нам скрытый мир. С помощью этой науки я познаю мир, полный наслаждений, мир Бесконечности. Я ощущаю себя в бесконечном свете, бесконечных наслаждениях, вечной жизни. Если жизнь – бесконечное наслаждение, стоит жить вечно.

Н. Навон: Чтобы достичь этого, необходимо относиться к жизни, как к путешествию? Как это возможно? Ведь я должен каждое утро идти на работу и лишь в конце недели могу подумать о развлечениях.

М. Лайтман: Нет, ты можешь находиться выше всех обязанностей этой жизни: работы, дома, магазинов, тяжелой работы по дому, воспитания детей. От всего этого уставший в конце дня, ты падаешь на кровать, а, возможно, вечером еще бежишь учиться. Ты должен найти свое наполнение вместе со всем этим.

Жизнь обязывает человека делать различные вещи.

Каббалисты всегда жили очень тяжело, работали на очень тяжелых работах. РАБАШ в 20-е годы начал работать арматурщиком, затем стал управляющим. Потом он работал на дорожных работах и возвращался домой только на субботу. Вместе с рабочими он жил в палатках у строящейся дороги. Последней работой РАБАШа была служба в налоговом управлении. Оставив эту работу в пожилом возрасте, он начал организовывать группу учеников. Жизнь была очень тяжелой. И был голод, нечем было кормить детей. Но вместе с этим было духовное наполнение, ощущение, что стоит жить, ощущение легкости. Над всей этой тяжелой жизнью существовала духовная жизнь, в которой находили покой.

Н. Навон: РАБАШ говорил, что вместе с духовным наполнением человек способен получать необыкновенное наслаждение и от хорошего стейка. Что он имел в виду? Как это возможно?

М. Лайтман: Это не просто объяснить, потому что мы сразу начинаем думать о стейке, а не о самой теме, которая намного сложнее: что такое животный уровень и уровень «человек», как духовные наслаждения проходят через такие одеяния, как, например, стейк. Действительно ли есть наслаждение в куске мяса? Нет. Иначе корова наслаждалась бы намного больше от своих 500 килограмм, чем мы от полкило стейка. У меня 500 грамм, а у нее – 500 килограмм, так почему она не наслаждается? Что есть в куске ее мяса, который я обрабатываю и съедаю? Мое «мясо» поглощает мясо коровы, и на этом построено наслаждение? Можно ли это объяснить?

Н. Навон: Но я его хочу!

М. Лайтман: Что значит «хочу»? Как можно хотеть кусок живой плоти? Ты хочешь наслаждения, но почему оно облачено в такие формы? Это не просто объяснить. Лучше поговорим о более понятных наслаждениях.

Н. Навон: Способен ли человек получать наслаждение от маленьких удовольствий в жизни?

ЖИТЬ, ЧТОБЫ ЗАПОЛНИТЬ ПУСТОТУ

М. Лайтман: Нет. В конечном итоге мы приходим к тому, что от безвыходности заставляем себя получать наслаждение от различных вещей, потому что без них наша жизнь была бы хуже смерти.

Совсем не так надо видеть нашу жизнь.

Мода, спорт и все остальное, чем мы занимаемся, – это лишь для того, чтобы заполнить пустоту и тем самым заполнить время и ощутить наслаждение. Этим мы создаем общественное мнение. Общество говорит, что важно быть связанным со всем этим. Важно одеваться так, потому что это модно. И я одеваюсь именно так, и чувствую важность, которую общество придает этому, и получаю удовольствие.

Почему я иду на футбольный матч? Потому что все признают это важным. То есть, мы сами создаем для себя то, от чего наслаждаемся.

Общество определяет объекты наслаждений. В них самих нет ничего. Они сами по себе абсолютно пусты. Люди бегают за мячом или облачаются в кусок ткани тем ли иным способом… Что есть во всем этом?

Люди сами придают этому значимость, и потому им это важно.

Если я следую общественному мнению, то получаю от этого наслаждение. Мы все созданы связанными в душах, поэтому обязаны подчиняться общественному мнению. А когда мы ему подчиняемся, то получаем наслаждение. Чтобы получать наслаждения, мы создаем искусственно объекты наслаждений, которые на самом деле пусты.

 Я признаю пустые наслаждения, потому что общество их признает.

И выходит, что мы растрачиваем свою жизнь, проводя время на работе, чтобы заработать на кусок хлеба, или заполняем свободное время различными наслаждениями, навязанными обществом.

Н. Навон: Поэтому они заканчиваются?

М. Лайтман: Да. В любом случае и сама жизнь заканчивается. В процессе многочисленных перевоплощений мы выясняем, что не для чего жить, не для чего работать и производить различные действия ради призрачных наслаждений, которые навязывает нам общество, либо обязывает природа. Все они надуманны, привнесены извне.

Так почему бы мне не получить наслаждение, которое будет истинным, моим собственным, а не навязанным другими?

Н. Навон: Как прийти к этому?

М. Лайтман: В наше время многие люди находятся в депрессии, потребляют наркотики, нас преследует террор, множественные катаклизмы, проблемы. Многие имеют личного психолога. Это происходит потому, что мы приближаемся к моменту истины: в нашей жизни нет наслаждений.

В НАШЕЙ ЖИЗНИ НЕТ НАСЛАЖДЕНИЙ?

Н. Навон: Но были времена, когда мы наслаждались?

М. Лайтман: Просто эгоизм человека был недостаточно развит. Люди наслаждались простыми вещами. Как я проводил месяц в отпуске? Ездил куда-нибудь, путешествовал, ходил в ресторан, на море, возвращался спать, – и так каждый день. Сегодня даже путешествия не наполняют человека.

Н. Навон: Сегодня само развлечение не наполняет человека, необходимы дополнительно либо алкоголь, либо наркотики.

М. Лайтман: Ничего не поможет. Мы пришли к пустоте. Наше существо представляет собой одно большое желание получать, и оно пустое. Эту пустоту необходимо заполнить. Все человечество задается вопросом: для чего вся эта жизнь? Это только усиливается, и я вижу в этом большую надежду на исправление. Наука каббала начинается с вопроса: в чем смысл жизни?

Н. Навон: Какой выход предлагает каббала? Как пустота превращается в наполнение?

М. Лайтман: В этой жизни невозможно получить наслаждение. Эта жизнь не создана для получения наслаждений, она не в состоянии их дать. На этом уровне наполнение может быть только животное, телесное. У животных голова и тело находятся на одном уровне. Если ты хочешь и способен так жить, – пожалуйста. Но только ты чуть поднимаешь голову, как тут же на тебя падают проблемы. Ты опустошен.

«Добавляя знания, добавляешь страдания». Нынешнее поколение начинает быть требовательным.

Н. Навон: Начиная быть требовательным, человек желает получать бесконечное наслаждение. С чего начинается этот процесс, как он выстраивается?

М. Лайтман: С подготовки себя к настоящему, вечному, безграничному наслаждению. Постепенно мы поймем, что существуем в нем, как в море.

Н. Навон: Как научиться этому?

М. Лайтман:

 В этом вся методика каббалы: как получить то вечное, безграничное наслаждение, в котором мы, на самом деле, сами того не осознавая, находимся. Оно скрыто, и нам недостает лишь раскрыть его, то есть раскрыть самих себя таким образом, чтобы оно вошло в нас.

Это подобно радиоприемнику, который забыли включить. Наше тело – тот же радиоприемник. Необходимо «открыть» его, и тогда мы почувствуем, что улавливаем из окружающего наслаждение.

Н. Навон: И что я почувствую?

М. Лайтман: Ты ощутишь вечное наслаждение, в котором находишься. Я недавно читал интересные исследования биологов о том, что наше тело подобно антенне. Даже мозг человека не удерживает информацию и не обрабатывает ее. Существует рядом какое-то измерение, которое принимает, обрабатывает и передает нам часть этой информации для ощущения и совершения действия. Ученые начинают раскрывать наше истинное устройство.

ОН ПОСТОЯННО РАЗВЛЕКАЕТСЯ!

Н. Навон: Какими должны быть развлечения каббалистов?

М. Лайтман: Какие могут быть развлечения? Ты видел, чтобы я выходил из своей комнаты? Только на урок, на телевизионную беседу или на прогулку у моря, чтобы чуть проветриться и, кроме того, уделить внимание своей жене. У нас это стало традицией: в течение многих лет жизни, каждое утро в течение двух часов совершать прогулку. Потом мы сидим, разговариваем.

Н. Навон: Когда же Вы развлекаетесь?

М. Лайтман: Я постоянно развлекаюсь. Я получаю удовольствие от каждого мгновения. Я наслаждаюсь нашей беседой, работой, едой, сном, потому что выстроил себе постоянную связь с источником наслаждения, источником жизни.

Н. Навон: Как к этому прийти?

М. Лайтман:

 Все, что необходимо, чтобы выстроить связь с источником наслаждения, – иметь потребность получать такое наслаждение.

Н. Навон: Что в нем особенного?
М. Лайтман: Оно наполняет полностью, не оставляя места для вопросов.
Н. Навон: Как найти его в себе?

ТРЕБОВАТЬ НАСЛАЖДЕНИЯ

М. Лайтман: Для этого, прежде всего, существует подготовительный период. Необходимо подготовиться стать приемником. Как это сделать? Требовать! Требовать наслаждения, обучаться этому требованию. Это не то «дежурное» понятие, о котором все знают. Требовать раскрытия этой силы. Тебе необходимо научиться, как правильно читать книгу, как через написанное в ней настроить себя на получение этой волны, приносящей наслаждение. Необходимо развить правильное чувство, чтобы принимать его. Это требует времени.

Для этого предназначена каббала.

 Итак: наука каббала – это методика раскрытия человеку Творца, источника наслаждений, доброго и справедливого.

Поэтому она и раскрывается в наше время, когда люди опустошены и не имеют ни малейшего шанса наполниться. Именно она говорит нам о возможности наполнения.

 И КАК ЭТО СДЕЛАТЬ?

О страданиях

Беседа вторая,
из которой мы узнаем о причине страданий
и задаемся вопросом о смысле жизни.
О том, что страдания — это совсем не то,
что мы о них думаем.
О единственной точке своего настоящего «я»,
в которой мы можем, согласно каббале,
хоть что-нибудь понять и различить.
Но как достичь этой точки?
И что это за «Свет»,
о котором говорят каббалисты?

Беседа, которая оставляет у нас
еще больше вопросов, чем предыдущая.

СОБЕСЕДНИК НИВ НАВОН

Н. Навон: Мне бы хотелось, чтобы сегодня мы поговорили о страданиях.

М. Лайтман: Нам недостаточно того, что мы страдаем, так мы еще должны это обсуждать? Как говорится, не дразните зверя. Ну, только если ради исправления. Вообще-то мы должны говорить о хороших вещах, чтобы пробудить их и двигаться к ним.

Н. Навон: Я бы хотел начать со своей личной истории, которая явилась для меня своего рода отправной точкой во всей этой области, которая называется страданиями. Я вспоминаю себя в возрасте 13 лет в преддверии праздника, когда вся семья в приподнятом настроении готовится к нему. Уже приехали мои дедушки и бабушки с обеих сторон, дяди и тети, короче говоря, вся семья в сборе. Внезапно около полудня я услышал, как вбежала в дом моя испуганная бабушка и стала что-то взволнованно рассказывать моему отцу. Я сразу же понял: что-то случилось. Мы вместе вышли на улицу, и я увидел там своего дедушку, лежащего без сознания. Это мгновенье было для меня сильнейшим потрясением. Меня тут же послали домой принести ингалятор, и я помню, как помчался сломя голову.

М. Лайтман: У твоего дедушки была астма?

Н. Навон: Да. Когда я вернулся, уже прибыла машина скорой помощи, и дедушку забрали в больницу. В тот же день нам позвонили и сообщили, что он умер. Для меня это была первая смерть близкого человека. Мне было всего лишь 13 лет, когда я пережил это ощущение. И я помню, что это очень сильно меня потрясло. Несмотря на то, что я вырос в светской семье, совершенно не соблюдающей никаких религиозных обрядов, я вспоминаю, как однажды вечером я вышел на улицу и внутренне с гневом обратился к небесам: «Почему я так страдаю? Почему все это произошло?»

М. Лайтман: В сущности, ты больше спрашивал о себе.

Н. Навон: Да.

ПОЧЕМУ ЭТО СО МНОЙ ПРОИСХОДИТ?

М. Лайтман: А о чем ты хочешь спросить меня?

Н. Навон: Почему человек страдает?

М. Лайтман: Мы происходим из такого доброго состояния, лучше которого не существует. Мы даже не можем себе представить эту абсолютную гармонию, это совершенное Добро. Но чтобы познать это Добро, мы должны сами достичь этого состояния.

Так вот, получается, что из этого доброго, хорошего состояния мы падаем в состояние, ему противоположное, плохое. И теперь, когда мы находимся в этом плохом состоянии, «злые» силы все время колют нас и подталкивают вернуться в то хорошее состояние. Но мы этого не понимаем. Мы бежим, совершаем какие-то поступки, убегаем от плохого и стремимся к той толике хорошего, которую можно найти в нашей жизни.

 Мы не понимаем, что все страдания и «злые» силы, в сущности, являются призывом, который все время направляет нас к единственному исправленному состоянию, которого мы должны достичь.

Человек страдает в течение многих лет и кругооборотов. Вся наша история – это смена поколений, это те самые души, которые возвращаются и страдают снова и снова.

 Вся наша жизнь – это бегство от плохого, и, может быть, возможность обрести немного хорошего. Ведь, когда нет плохого, это уже хорошо. А что касается того доброго состояния, которое нам уготовано, то мы даже не знаем, что это такое.

Но если человек действительно испытывает отчаяние от всей этой гонки, бегства от плохого и спрашивает, как это делал ты: «Почему это со мной происходит? Да и вообще, почему все устроено именно так?», – то он уже хочет выяснить, в чем смысл жизни. Ведь не может быть, чтобы все это возникало, происходило и завершалось только для этих страданий и гонки.

Ты молод, ты находишься в начале своей жизни, а твой дедушка – в ее конце. Ты видишь себя ребенком, у которого вся жизнь впереди. И что же? Ты вдруг видишь ее конец. А если так, то в тебе уже возникает вопрос: «Значит, что бы ни происходило, таков финал?» То есть твой вопрос касается всего этого процесса.

Так вот, наука каббала приходит к тем, кто отчаялся на протяжении всех кругооборотов и событий, которые с ними происходят, и задаются этим вопросом. И тогда им открывается возможность не бежать от плохого, а все время двигаться к хорошему. То есть продвигаться к той самой Цели, возвратиться в то абсолютное Добро, где мы были прежде, чем «скатились» в этот мир.

Могу ли я вернуться к тому хорошему состоянию, поднявшись к нему не посредством ударов, не под воздействием этих сил, этих призывов, которые толкают нас туда, а благодаря тому, что, раскрывая его понемногу, я сам тянусь к нему?

Для этого и предназначена наука каббала. Она немного раскрывает тебе то состояние, а ты ищешь силы, с помощью которых сможешь туда подняться. Ты сразу же начинаешь чувствовать, что здесь есть какое-то решение, и оно не в том, чтобы уменьшить страдания. Это решение касается того, как отменить смерть. Ведь в этом, в принципе, и заключается вопрос: как я ее отменяю, как я продолжаю свое существование, не ощущая смерти?

 Я обязан чувствовать себя живущим вечно, потому что это действительно так.

НЕ ОЩУЩАЯ СМЕРТИ
Н. Навон: Это возможно?

М. Лайтман: Да, разумеется, возможно. Ведь вся наша работа по исправлению себя направлена на то, чтобы смерть нашего физического тела не довлела над нами и над нашими ощущениями. Она направлена на то, чтобы прежде, чем мы ощутим свою физическую смерть, мы бы уже почувствовали вечную духовную жизнь и отождествили бы себя с ней. Она направлена на то, чтобы мы включились в вечный поток природы и ощутили себя существующими в том самом высшем состоянии, где физическое тело и все, что с ним происходит, не оказывало бы на нас никакого влияния.

А тело живет и умирает. Как говорил мой учитель РАБАШ, это все равно, что вечером ты бросаешь рубашку в стирку, а завтра надеваешь другую, если это нужно. Так вот, поскольку мы еще не достигли этого совершенного состояния, а находимся на пути к нему, то ты «снимаешь эту рубашку, бросаешь ее» – свое физическое тело – и продолжаешь жить. А если уже дошел до конца, то тебе не нужно больше перевоплощаться. Но уже с того мгновенья, когда ты начинаешь этим заниматься, ты движешься к тому, чтобы отменить точку смерти. И в этом, в сущности, ответ на вопрос, которым задается человек в этом мире: в чем смысл жизни, для чего мы живем?

ДЛЯ ЧЕГО МЫ ЖИВЕМ?
Н. Навон: Значит, цель всех страданий – привести нас к этому вопросу?

М. Лайтман: Да. К этому вопросу и к его решению. И тогда, продолжая дальше от этой точки, мы видим, что смерть относится только к нашему физическому телу. И с этого мгновенья и далее мы развиваемся только внутри своей души. Я ничего не убавлю в ее развитии, давая своему телу все, что ему требуется, как ослу. Я должен его мыть, укладывать спать, кормить, лечить, – короче говоря, обеспечивать ему все, что нужно. Но, в сущности, я живу для того, чтобы развить свою душу и все-таки с ней пройти в духовную жизнь, в которой не ощущается смерть физического тела.

Н. Навон: Я хочу сейчас задать Вам вопрос о том, что происходит еще до того, как мы начинаем задаваться вопросом о смысле жизни.

Возьмем, к примеру, моего отца, который всегда являлся для меня примером сильного, мужественного человека, добившегося успеха в жизни. Он был директором очень успешной школы, в которой я учился. Позже он стал большим начальником в муниципалитете. Я вспоминаю, что все его очень уважали и восхищались его деятельностью. И когда он ушел из этой школы, говорили, что такого директора не было никогда. И вдруг он заболел болезнью Паркинсона. Для меня это было шоком. Я не мог понять, как такое могло случиться с таким сильным и стойким человеком! Эта болезнь буквально сломила его, и сегодня ему уже очень сложно выполнять самые обычные действия. Я вижу, как ему трудно, как сложно моей маме и всем нам видеть его таким. Это просто невозможно осознать! Как такое могло произойти?

М. Лайтман: Это происходит оттого, что человек держит все в себе, не дает выйти наружу тому, что сидит у него внутри. Он всегда обязан держать себя в рамках. И вот из-за такого постоянного усилия над собой, когда все его тело желает как бы расширить себя, вырваться наружу, но человек насильно себя «закрывает», – из противодействия этих двух сил – возникает болезнь. Вся эта жизнь дорого стоила твоему отцу: всегда быть примером, начальником, воспитателем. Это типичный случай.

Н. Навон: И все-таки я не вижу, чтобы вследствие этой болезни в нем пробудился вопрос о смысле жизни... Он не спрашивает, есть ли что-то над этой жизнью...

М. Лайтман: Для него этого еще недостаточно. Ты ведь знаешь, что на людей сваливаются такие беды, что казалось бы, сколько можно?! И все-таки человек из этого выходит. А есть такие люди, которые все забывают и возвращаются к нормальной жизни, как будто ничего не случилось. Есть и те, кто вспоминает об этом с усмешкой, дескать, было и прошло.

Н. Навон: Срабатывает своего рода защитный механизм...

М. Лайтман: Да, верно. И, кроме того, так это дают человеку перенести. Есть такие люди, которые даже ведут довольно благополучную жизнь, и на них не столь уж обрушиваются удары: ни физические, ни душевные, ни болезни – ничего. Все идет хорошо. И вот на фоне такого благополучия, когда поистине человек живет, как принц во дворце царя, в нем вдруг возникает вопрос о смысле жизни, и он чувствует, что лучше смерть, чем такая жизнь.

То есть мы не должны оценивать это с точки зрения самих ударов, их силы или их качества. Это очень индивидуально. Это измеряется внутри души относительно тех духовных определений, которые в ней заключены. Где этот порог, при котором человек обязан спросить себя о смысле жизни? Это очень и очень индивидуально.

Глядя на своих учеников, я вижу, что они, как раз, не переживают сильных потрясений в своей жизни, но этот вопрос очень сильно стоит внутри человека, и он не может его обойти. Дай ему все! И что же? Все-таки этот вопрос доставляет ему намного больше горечи, чем все «сладости» той жизни, которые ты можешь ему предложить.

Н. Навон: Значит, недостаточно только страданий, чтобы начать задаваться этим вопросом?

СТРАДАНИЕ – ЭТО НЕ СОВСЕМ ТО, ЧТО МЫ О НЕМ ДУМАЕМ

М. Лайтман: Страдание – это не совсем то, что мы считаем страданием.

Н. Навон: А что же?

М. Лайтман:

Страдание оценивается мной по отношению к тому доброму состоянию, из которого я пришел и куда должен вернуться. Ощущаю ли я относительно сегодняшнего моего состояния, что мне этого совершенства недостает?

Это и называется страданием, а не земные страдания, те удары, которые проходят и животные, и младенцы. Кто не страдает? Но все это еще не страдания.

Во все страдания нужно внести связь с Целью творения.

Потому-то мы и занимаемся распространением науки каббала, чтобы люди почувствовали, откуда исходит даже самое маленькое страдание. И тогда, присоединяя к их страданиям еще некоторую добавку, объясняя, из-за чего и почему они страдают, а также то, что существует нечто такое, чего у нас нет, и из-за чего действительно стоит страдать, мы, тем самым, даем им возможность подняться над всеми этими страданиями и очень быстро прийти к развитию добрым путем.

Н. Навон: То есть мы как бы говорим человеку: «Посмотри, где бы ты мог быть и где ты сейчас».

М. Лайтман: Да. То есть мы должны заменить бессознательное развитие на сознательное. В этом, в сущности, состоит цель.

Н. Навон: И все-таки, как получается, что некоторые люди переносят огромные страдания, а другие почти совсем не страдают, но при этом и в тех, и в других пробуждается вопрос о смысле жизни?

М. Лайтман: Все зависит от того, насколько личное страдание внутри души, – причем, оно может быть очень-очень незначительным и даже каким-то странным, непонятным из-за чего и из-за кого, – насколько это страдание души связано с Целью, к которой она должна подняться.

И я тебе скажу, что мы не можем определить, как именно это происходит. Ко мне приходит человек, у которого на самом деле все хорошо. Он может всю жизнь путешествовать, если ему захочется, у него нет ни в чем недостатка, есть семья, дети, уважение, власть, – абсолютно все. Но при этом в нем все-таки присутствует какая-то горечь, и он влачит эту свою жизнь и не знает, как хотя бы в чем-то найти немного радости. И ты смотришь на него, недоумевая: как это может быть? А он скрывает от всех этот вопрос и проживает свою жизнь, ощущая себя несчастным.

А если вдруг ему открывается немного света, попадается какая-то наша книга, если он узнает, что от страданий есть решение, что существует цель и причина страданий каждого человека, а также цель и причина разного типа страданий, то для него эта встреча, мгновенье, когда он все это открывает, – огромный подарок, большой праздник. Ведь он понимает, что всему есть причина.

И тогда он с радостью хватается за эту методику, которая приносит ему внутреннее понимание, знание о том, почему он страдает, как это можно изменить, и главное, как прийти к истине. То есть для него уже не имеет значения, страдает ли он или не страдает: ему очень важно добраться до истины, кроющейся за этим, понять, что страдания не приходят без причины.

А если страданиям есть причина, то это хорошо; это говорит об истинности, серьезности методики. И человек с этим соглашается.

 Человеку не важно, как и сколько ему придется страдать, если это приведет его к истине.

И тогда он с радостью приходит это услышать. А здесь он вообще видит, что наше развитие проходит не путем страданий. Мы превращаем страдание в Свет.

ПРЕВРАТИТЬ СТРАДАНИЕ В СВЕТ
Н. Навон: Как?

М. Лайтман: Тем, что я сам устремляюсь к тому состоянию, которое раскрываю. Я открываю его и стремлюсь к нему сам, а не под воздействием всевозможных ударов, которые меня к нему направляют, а я при этом даже не знаю, откуда и для чего они приходят. И тогда я достигаю совершенной жизни. Вся эта жизнь, каждое ее мгновенье становятся для меня стоящими, потому что я продвигаюсь к тому самому особенному состоянию, в котором постигаю все творение, становлюсь независимым ни от чего, поднимаюсь над жизнью и смертью материального мира. Я познаю все происходящее и в этом мире, и в духовном мире. Ведь я устроен таким образом, что, не постигнув ту самую точку моего происхождения, я всегда буду ощущать страдания и неудовлетворенность.

Н. Навон: Значит, в этом страдания…

М. Лайтман: Да. И когда я туда прихожу или даже прилагаю усилия, чтобы прийти, приблизиться к этой точке, я уже ощущаю себя обретающим нечто дорогое и вечное. И тогда вся моя жизнь становится прямо-таки духовным приключением!

СТРАДАНИЕ ТВОРЦА

Н. Навон: А Творец страдает?

М. Лайтман: Да. И больше нас.

Н. Навон: Больше нас?

М. Лайтман: Да, так написано. Об этом также много говорится в Псалмах. Потому что Его желание – насладить сотворенных. И если мы не достигаем этого доброго, высокого состояния, в котором бы Он смог нас наполнить, то Он не может наслаждать. И потому Он страдает. Это подобно матери, которая не может накормить своего ребенка, потому что у него болит животик, и врачи запретили ему кушать. А он плачет, просто заходится в крике, и она страдает, оттого что не может дать ему поесть. И хотя она знает, что это необходимо для его выздоровления, для его же блага, и что через день-два она уже сможет его накормить, пока что она страдает.

Так вот такое же страдание (можно так сказать, на этом примере) испытывает Творец. Мы ведь все еще не способны принять от Него все то Добро, которым Он желает нас наполнить из того самого бесконечного, абсолютного состояния, и потому Он страдает. Он страдает подобно матери, которая не может накормить своего ребенка, – гораздо больше самого ребенка!

Н. Навон: И что Он тогда делает?

М. Лайтман: Он пробуждает нас теми вопросами, которые в нас возникают. Он помогает нам расти сознательно! То есть Он не делает так, чтобы мы просто оказались в этом состоянии, а Его цель состоит в том, чтобы мы пришли к Нему именно сознательно, поняв и постигнув Его, чтобы мы познали себя, все миры и стали бы тогда, как Он. Поэтому Он сам этого сделать не может.

Н. Навон: Почему?

М. Лайтман: Потому что тогда мы не будем развиваться. Это все равно, что я не могу совершить какое-то действие вместо младенца. Я должен дать ему упражнения, и именно с помощью этих упражнений он будет расти.

И тогда мы сможем, будем пригодны получить все это Добро. Вот почему Он пробуждает нас, как бы приглашает включиться в эту игру, но мы не хотим. И тогда Он пробуждает нас посредством этих страданий. Но если мы чувствуем, что это Его игра с нами, то вдруг ощущаем, что это вовсе не страдания, что это не вопросы, а нечто вроде приглашения к взаимному развитию. Чтобы я развивался вместе с Ним. Он как бы сидит передо мной, и вместе мы достигаем того самого Добра. И тогда я развиваюсь под воздействием Света.

Н. Навон: Но как человек может это понять?

М. Лайтман: Без науки каббала это невозможно. Она объясняет нам весь этот процесс. Шаг за шагом мы, безусловно, приходим к такому состоянию, когда из этой игры с Высшим становимся такими, как Он, и действительно достигаем слияния с Ним.

ПРИНЯТЬ ИГРУ ТВОРЦА

Н. Навон: А каббалист?

М. Лайтман: Каббалист – это тот, кто понимает эту игру, начинает в нее включаться, учиться у Творца, как у отца, всем тем действиям, которые Творец совершает, и повторяет их. Это подобно тому, как учится ребенок, глядя на взрослых. Они являются для него примером, и он делает то же самое. Это же происходит и с нами.

 Вся наука каббала состоит в том, чтобы научить нас различать, что все происходящее с нами в нашем мире и чуть-чуть глубже, внутри мира, – это, в сущности, примеры, которые подает нам Творец, показывая, как мы должны себя вести.

Н. Навон: От чего страдает каббалист?

М. Лайтман: Каббалист страдает от того, что все еще не способен быть таким, как ожидает от него Творец.

Н. Навон: Это вызывает в нем страдание?

М. Лайтман: Безусловно, это вызывает страдание. Это все равно как ребенок, который хочет быстро решить все задачки, ответить на все вопросы (ведь большинство его игр – это вопросы и ответы), и страдает оттого, что пока еще не может этого сделать. Ему это еще сложно, ведь он все еще находится в процессе своего развития, но он хочет это сделать, чтобы доставить удовольствие своему отцу.

Н. Навон: Какие инструменты есть у каббалиста для того, чтобы облегчить страдания человечества?

М. Лайтман: Распространять науку каббала! По крайней мере, с ее помощью каждый человек сможет включиться в эту игру, немного приблизиться, понять ее, все больше учиться у Творца. Когда мы изучаем, как Он совершает Свои действия, и повторяем их, становясь благодаря этому такими, как Он, это называется работой

Творца. Человек должен достичь того, чтобы стать подобным Творцу. Именно потому человек и называется на иврите Адамом – от слова эдамэ (уподобиться) – быть подобным Творцу. Таким образом, вся эта игра предназначена для того, чтобы я повзрослел, вырос.

ЕДИНСТВЕННАЯ ТОЧКА, ВНУТРИ КОТОРОЙ ЧЕЛОВЕК МОЖЕТ ЧТО-ТО РАЗЛИЧИТЬ

Н. Навон: И что тогда открывается человеку?

М. Лайтман: Вся его система отношений с Творцом.

Н. Навон: И он понимает, почему Творец посылает ему все это?

М. Лайтман: Он понимает и знает благодаря своему окружению, своим внутренним постижениям, что это язык, на котором с ним разговаривает Творец. И, таким образом, человек Его раскрывает внутри природы, ведь Творец – это природа. Именно через природу мы раскрываем эту Силу, которая на нас воздействует, обращается к нам. И тогда мы начинаем с Ней соединяться и становимся единым целым.

Стремясь уподобиться Творцу, я начинаю открывать, что все мои вопросы, все мои свойства, все мои стремления, – все то, что во мне есть, – это тоже от Него. Он пробуждает все во мне и пробуждает все снаружи меня. Остается во мне лишь одна единственная, свободная от Него точка. Точка, в которой я могу различить, что именно Он формирует меня изнутри, и Он устраивает все окружающее снаружи. И тогда, определяя, что и внутри, и снаружи действует Он, я Его распознаю, не Его действия, а Его Самого.

И тогда я, эта точка, которая находится вне Его действий (так Он дал мне это увидеть и ощутить, снаружи посмотреть на всю эту действительность) соединяется с Ним над моей природой и над внешней природой.

Н. Навон: Что человек чувствует в таком состоянии?

М. Лайтман: То, что он вернулся к своему корню. И тогда уже нет вопросов. Потому что все вопросы возникают от того, что мы не находимся там.

ЕСЛИ НАСТОЯЩИЙ Я И ЕСТЬ ЭТА ТОЧКА, ТО КАК ЕЕ ДОСТИЧЬ?

О наслаждении

Беседа третья,
в которой мы возвращаемся к теме наслаждений,
чтобы получить ответы на свои вопросы, и с удивлением узнаем о том,
что Творец специально все так устроил,
что желание постоянно пропадает,
а наслаждение все время исчезает.
О том, почему мы должны непременно разочароваться во всем в своей жизни.
Об огромном, ничем неутолимом желании.
О том, как наслаждается каббалист.

Как обычно, мы остаемся с тем же простым вопросом: если все — действительно так, то как к этому прийти?

СОБЕСЕДНИК ИЛЬЯ ВИНОКУР

И. Винокур: Здравствуйте. Сегодня я хочу поговорить о том, что меня лично очень занимает, о наслаждении.

М. Лайтман: Ну, это занимает всех!

И. Винокур: Но мне хотелось бы сейчас поговорить не в общем обо всех. Первый вопрос, который я подготовил, очень личный. Что доставляет Вам самое большое наслаждение?

М. Лайтман: Когда мне удается решить трудный вопрос. Ведь не случайно сказано, что «нет большей радости, чем разрешение сомнений».

Когда у тебя есть два противоречивых вопроса, не согласованных между собой, противоположных по своей сути и несовместимых, и вдруг они соединяются в одно целое и не просто кое-как сочетаются между собой, а ты видишь, как они дополняют друг друга, и одно невозможно без другого, и только ты в своем разуме и постижении раньше не мог понять, что это – одно целое.

СПОРЫ С ТВОРЦОМ, ИЛИ ТРУДНЫЕ ВОПРОСЫ КАББАЛИСТА

И. Винокур: Какие трудные вопросы Вы решаете?

М. Лайтман: Например, известный вопрос о свободе воли. Как может человек обладать свободой воли…

И. Винокур: Кто этот человек? Вы говорите о себе?

М. Лайтман: Да. Могу ли я быть свободным человеком, если все делал, делает и будет делать Творец? Он отвечает за все и выполняет все действия, и при этом существую «Я». Я независим, я действую, думаю и решаю. Разве это возможно? Такая свобода воли нам не понятна. Об этом очень красиво сказал царь Давид, имея в виду Творца: «Сзади и спереди Ты объемлешь меня». Ты окружаешь меня и сзади, и спереди. Ты все вокруг меня организуешь, а во мне вдруг возникают новые желания и новые мысли. Вдобавок я раскрываю, что все это от Тебя, и одновременно ощущаю, что это мое.

И. Винокур: И что, такие выяснения, размышления и проблемы волнуют Вас каждый день?

М. Лайтман: Когда человек находится в процессе развития и постижения Творца, он все время занят этим. Это относится и к нашей работе с группой, с человеческим обществом.

В любой духовной работе всегда есть две грани: с одной стороны, ты, настоящий эгоист, желающий все получить для себя и использовать ближнего, а с другой – Он, Творец, управляющий всем, который про-

тивоположен этому свойству в тебе и с которым у тебя происходят постоянные споры и столкновения.

И. Винокур: Эти споры с Творцом доставляют Вам удовольствие?

М. Лайтман: Да, я чувствую, что это именно то место, где кроется решение проблемы, когда что-то не складывается и не получается. Где находится мой свободный выбор? Каким образом я поднимаю себя выше своей природы? Как я существую одновременно в вечности и в этом мире?

Есть два мира. В этом мире все как будто брошено на произвол судьбы и зависит от поведения всего мира и каждого в отдельности: от начальников, правителей и простых людей. С другой стороны, существует огромная власть свыше, в духовном мире, и эта власть действует в объеме всего мироздания и в каждой его частности. И мы всегда находимся в состоянии противоречия.

И. Винокур: Где же здесь наслаждение?

М. Лайтман: Наслаждение в том, что ты находишь решение. Когда ты постигаешь жизнь, ты видишь, что существует конфликт между Творцом и творением.

И. Винокур: Есть Творец и творение, а где здесь я?

М. Лайтман: Я это творение, создание. И есть Творец. С одной стороны, мы как будто противоположны, с другой стороны, Он управляет мной, и все происходит по Его воле. При этом я чувствую, что это все-таки «Я», и хочу знать, что я существую, и ощущать, что это я действую. Где здесь Его действия, а где мои? Я бессознательная марионетка или я действую осознанно и реально? Произойдет ли в этой жизни через минуту то, что должно произойти, или я сам создаю следующее мгновенье, и оно зависит от меня?

НАСЛАЖДЕНИЕ – ДЕЙСТВОВАТЬ ВМЕСТЕ С ТВОРЦОМ?

И. Винокур: Этот конфликт существует постоянно?

М. Лайтман: Постоянно. Если ты хочешь разрешить вопрос своего истинного, духовного, общего существования, ты все время ищешь решение этой проблемы.

И. Винокур: И в чем заключается наслаждение? Пока что мы находимся в состоянии конфликта.

М. Лайтман: Наслаждение от духовной работы в том, что ты каждый раз ощущаешь, что между Творцом и творением все-таки есть связь и они соединяются между собой. Ты видишь это своими глазами и все больше и больше раскрываешь это.

Несмотря на то, что они отличаются по своей природе, – ведь Он отдающий, а оно получающее, – они соединяются друг с другом над этими отличиями, и тогда постепенно все разногласия исчезают. Когда Творец, «Один, Единый и Единственный», в своих действиях, и человек, который с одной стороны говорит: «Если не я себе, то кто поможет мне?», а с другой – «Нет иного, кроме Него», – вдруг соединяются вместе, это не просто решает проблемы. Эти проблемы как будто философские, но это не так.

Разрешая эти проблемы, ты начинаешь ощущать, как высшая сила облачается в тебя, и вы начинаете двигаться вместе. Он восседает на тебе или ты на Нем – не важно как. И вы действуете вместе. Бааль Сулам объясняет нам это на примере всадника и лошади, когда совпадают все их действия, желания и мысли, и наступает полное взаимопонимание.

И. Винокур: Куда мы движемся?

М. Лайтман: Нет такого понятия «куда». Когда ты начинаешь двигаться вместе с Творцом, время и действие исчезают, и ты проникаешь в мир Бесконечности, где нет времени, пространства и движения – ты достиг совершенного состояния. Совершенное состояние означает, что нет ничего другого, нет ничего после, ведь если есть последующее состояние, значит, предыдущее не было совершенным. Движение вместе с Творцом – это другое измерение, которое не является статическим, мертвым. Там развитие происходит не так, как у нас, когда мы убегаем от плохого к хорошему, от трудностей к их разрешению. Там мы развиваемся от хорошего к лучшему. Это невозможно объяснить, наш разум не способен этого воспринять.

И. Винокур: Все что Вы сейчас описали, звучит очень возвышенно и глубоко. Это самые высокие наслаждения, существующие в реальности? Это духовные наслаждения?

М. Лайтман: Да.

О ПРОСТЫХ ВЕЩАХ И ПРИРОДЕ НАСЛАЖДЕНИЙ

И. Винокур: Тогда давайте с этого очень высокого уровня окунемся в наш мир. Я знаю, что Вы очень любите ходить на море, заниматься спортом, вкусно поесть...

М. Лайтман: Я все люблю!

И. Винокур: Что из всего этого доставляет Вам наибольшее удовольствие?

М. Лайтман: У каждого наслаждения своя особенность. Если я сыт, я не хочу есть и ищу другое наслаждение. Так устроен человек.

И. Винокур: Почему?

М. Лайтман: Человек – это его желания. Наше общее желание – это желание насладиться, наполнить себя, и человек устроен так, что должен постоянно наполнять себя. Но, если я себя наполнил, я перестаю чувствовать жизнь, и у меня снова нет жизни. Потому что жизнь ощущается в том состоянии, когда нам удается найти решение проблемы: я голоден и насыщаюсь, я устал и ложусь спать, – именно в этот момент я ощущаю наслаждение. Как сказано, «сладок сон трудящегося» (Экклезиаст, 5:11)

И. Винокур: Но почему так устроено?

М. Лайтман:
Наслаждение всегда приходит от Творца, а у творения всегда есть желание, и когда возникает связь между Творцом и творением, именно в этой связи мы чувствуем наслаждение.

И. Винокур: Что значит «наслаждение приходит от Творца»? Допустим, у меня есть стакан воды. Я хочу пить и выпиваю глоток воды. Теперь я хочу пить уже меньше, значит, следующий глоток доставит мне меньшее наслаждение. Правильно?

М. Лайтман: Это значит, что тебе придется искать еще какое-то наслаждение, кроме воды. Если ты не ощущаешь, что получаешь какое-то наслаждение, ты чувствуешь, что нет жизни, наступает смерть.

И. Винокур: Но я могу вспомнить о чем-то хорошем. Люди любят рассматривать альбомы с фотографиями, вспоминать прошлое…

М. Лайтман: Это не важно. Ты вспоминаешь прошлые наслаждения, чтобы обновить их и почувствовать, как будто ты снова получаешь их.

И. Винокур: Как это работает? Предположим, сегодня Вам покажут фильм или фотографии событий, которые произошли с Вами когда-то.

М. Лайтман: Наслаждение существует вне времени, оно находится как будто в воздухе…

И. Винокур: Где в воздухе?

М. Лайтман: В «большом компьютере», вне тебя. Это не имеет значения. Когда ты обновляешь эти картины, ты чувствуешь и проживаешь их вновь.

И. Винокур: Вы можете привести пример?

М. Лайтман: Это отвлечет нас от темы, но я могу попробовать.

И. Винокур: Можете ли Вы сейчас насладиться тем, что испытали, когда Вам было 20 лет?

М. Лайтман: Конечно.

И. Винокур: Объясните мне как?

М. Лайтман: Воспоминания…

И. Винокур: Нет, просто воспоминания – это понимает каждый. Объясните мне, как это работает. Вы говорите, что наслаждение существует внутри какой-то системы.

М. Лайтман: Это подобно фотографии. У меня есть фотография каждого мгновенья моей жизни, и я могу обновить эту фотографию, как будто я переживаю это состояние заново. Я вытаскиваю его из своего архива и проживаю его. Я могу ощутить хорошие состояния, или не дай Бог, плохие. Они не исчезают.

И. Винокур: И сейчас они вызывают у Вас наслаждение?

М. Лайтман: И сейчас они вызывают у меня наслаждение, ведь нет различия между тем, что было раньше, и тем, что происходит сейчас. Напротив, если это неприятные воспоминания, со временем они проходят «подслащение». Ты видишь людей, которые любят вспоминать, как им было плохо во время войны. Они сидят и говорят об этом часами: «Как нам было плохо! Как мы страдали!»

О чем вы говорите? Зачем? Люди любят слушать грустные мелодии, напоминающие им о трудных днях.

И. Винокур: Почему?

М. Лайтман: Происходит подслащение…

И. Винокур: Что значит «подслащение»?

М. Лайтман: Прошло время, и люди не ощущают тех трудностей и невзгод, которые они пережили, а вспоминают, как они вышли из этих состояний. На фоне настоящего они созерцают прошлое, и прошлое кажется им сладким и розовым. Это очень распространенное явление, и есть целая культура для людей, которые…

И. Винокур: …тоскуют о несчастной любви. Давайте сменим тему. Люди идут в кино или включают телевизор и смотрят фильм.

М. Лайтман: Старый или современный?

И. Винокур: Не важно. Я смотрю кино, вникаю в жизнь кого-то другого…

М. Лайтман: Естественно, ты представляешь себя на месте героя, сопереживаешь фильму. Когда кошка смотрит на экран телевизора, разве она что-то видит? Нет, это не из ее жизни. Но если она увидит там кошек, мышей или птиц – о, это другое дело!

И. Винокур: Она съест экран!

М. Лайтман: Потому что это отвечает ее желанию насладиться.

И. Винокур: Так мы наслаждаемся тем, что переживает кто-то другой? Вернее, это даже не кто-то другой, это кино, ничто, фикция. Но я получаю от этого самое настоящее наслаждение.

М. Лайтман: У тебя есть общие желания с героями фильма, и ты находишься с ними вместе в некой общей системе, поэтому ты наслаждаешься или страдаешь.

И. Винокур: Значит, возможна ситуация, когда я сижу в кресле и с утра до вечера смотрю кино о том, что произошло со мной в прошлом или о других людях, то есть я непрерывно живу в мире кино и постоянно наслаждаюсь.

М. Лайтман: И, тем не менее, благодаря этому, человек тоже развивается и тоже путем исправления, ведь ты все равно связан с людьми и сочувствуешь им эмоционально. Поэтому люди изобрели книги и типографии, музыку и возможность ее записывать, кино, которое уже полностью основано на записи.

И. Винокур: Чтобы передать что? Мы передаем друг другу возможные наслаждения?

М. Лайтман: Чтобы соединиться между собой и перемешать наши общие чувства, желания и наслаждения. Это необходимо нам для общего исправления душ.

И. Винокур: Каббалисты тоже писали книги, и сегодня они снимают фильмы и создают медиа. Внутри этого нас тоже ожидает возможность наслаждения? Если каббалист пишет о чем-то, что он ощутил…

М. Лайтман: То, что создает каббалист, пробуждает в человеке желание, направление, устремление, намерение к Цели творения, к возвышенному, к соединению с высшей силой, в конце концов.

 Смысл названия наука каббала (каббала – «получение») – как получить наслаждение, которое полностью наполнит меня. В этом суть всего учения. Поэтому сегодня нет более востребованной, необходимой человеку науки, чем каббала. Вся наша природа – это желание насладиться, а у нас есть методика, позволяющая наполниться. Проблема в том, что ты должен быть всегда голоден.

Поэтому на протяжении всей нашей истории из поколения в поколение в этот мир возвращаются одни и те же души и страдают, решают проблемы, живут… Это происходит непрерывно и абсолютно со всеми для того, чтобы развить чувство голода. Мы ничем не можем наполниться в этом мире и просим наполнения из мира Творца, и тогда оно приходит, и мы наслаждаемся трапезой.

НАМЕРЕНИЕ ТВОРЦА – НЕ ДАТЬ НАМ НАСЛАДИТЬСЯ?

И. Винокур: Но почему мы не способны наполниться?

М. Лайтман: Намеренно!

И. Винокур: Если смотреть реально, у нас с Вами сегодня есть во много раз больше источников наслаждения, чем было у наших с Вами дедушек.

М. Лайтман: Чтобы развить более сильное желание, нам даны как будто гораздо более значительные возможности. Сегодня, если ты хочешь, ты можешь даже полететь в Космос: купить билет и полететь в Космос. Кругосветное путешествие уже просто стало тривиальным.

И. Винокур: Вчера я гулял со своим маленьким сыном (ему пять лет), и он спросил: «Что было бы, если бы не было машин?» Я задумался о том, что ему ответить, и вспомнил своего дедушку. У него не было машины, у него были осел и телега, то есть его передвижение было ограничено расстоянием от дома до цитрусовой рощи в конце поселка. Это был его постоянный маршрут: из дома на осле с телегой и на осле с телегой обратно. Но я не думаю, что он был менее весел.

М. Лайтман: Что ему чего-то не хватало.

И. Винокур: Вовсе нет. Он жил, как король. Разве это возможно сегодня? Я живу в самом центре страны...

М. Лайтман: Правильно, чем больше имущества, тем больше забот. Чем больше желание, тем большее наслаждение ему как будто предназначено. Но оказывается как раз наоборот: чем больше желание, тем меньше оно наслаждается.

И. Винокур: Почему?

М. Лайтман: Потому что наполнение не входит в него.

> У меня в жизни всегда существует большая проблема, потому что наполнение наслаждением, которое я получаю, немедленно нейтрализует любое мое желание. Наполнение нейтрализует желание! И тогда исчезает и само наслаждение.

ПОЧЕМУ ЖЕЛАНИЕ ПОСТОЯННО ПРОПАДАЕТ, А НАСЛАЖДЕНИЕ ВСЕ ВРЕМЯ ИСЧЕЗАЕТ

И. Винокур: Почему это устроено таким образом?

М. Лайтман: Потому что это «плюс» и «минус», как в электричестве. Когда я очень голоден, я жадно наполняю себя первые пять минут, следующие пять минут я начинаю выбирать, что бы такое съесть, а еще через пять минут – все, больше не могу. И чем я буду наслаждаться теперь? Я так наелся, что мне плохо. И что сейчас? Нет наслаждения, нет ничего. Может быть, мне заняться чем-то другим? Можно посмотреть какую-нибудь картину, послушать красивую музыку, посмотреть хороший фильм. Я снова, немедленно начинаю искать. Уже во время еды, как только я утолил первый голод, я начинаю думать, чем бы мне еще насладиться. Что там у меня запланировано? Может быть, мне что-то послушать, куда-то пойти?

Находясь в середине своего нынешнего состояния, человек постоянно заглядывает в будущее: что будет потом? И если он узнает, что потом не будет ничего, то «лучше смерть, чем такая жизнь». Я должен всегда соприкасаться с наслаждением, несмотря на то, что оно исчезает. Это соприкосновение – ощущение жизни. Поэтому мы непрерывно бежим.

БЕГ НА МЕСТЕ…
ИЛИ В ПОИСКАХ ОГРОМНОГО, НЕУТОЛИМОГО НИЧЕМ ЖЕЛАНИЯ

И. Винокур: Но куда, куда мы бежим?

М. Лайтман: К тому огромному желанию, потребности, чувству голода, которое мы не сможем утолить ничем в этом мире, и тогда обратимся к источнику наслаждений, к Творцу, и с помощью науки каббала сможем получить от Него наслаждения, которые действительно смогут нас наполнить и не исчезнут.

И. Винокур: Что значит «обратиться к источнику наслаждений, которых мы не можем найти в этом мире»? Давайте остановим на улице десять человек и спросим: «Что бы вы хотели попросить у золотой рыбки, чтобы получить наслаждение и стать счастливыми?». Каждый предложит свой вариант счастья и наслаждения.

М. Лайтман: Они не понимают, что это тоже немедленно закончится. Они не понимают, поскольку пребывают во власти желания. Если я хочу воды, то я не хочу ничего, кроме воды.

И. Винокур: Но почему, почему у меня не достаточно разума, чтобы увидеть дальше этого стакана воды?

М. Лайтман: Потому что разум действует только в соответствии с желанием.

Разум человека возникает, чтобы обслуживать желание, и развивается только для того, чтобы тот смог достичь желаемого.

Поэтому, когда я достигаю желаемого, разум исчезает. Теперь я должен развить желание, и согласно желанию разовьется разум, чтобы придумать, как достичь того, чего я хочу. Разум обслуживает желание!

Поэтому я не могу сказать заранее… Если ты скажешь мне: «Возьми в этом мире все, что хочешь. Все – для тебя», – я начну устремляться за разными наслаждениями, и мой разум будет постоянно подсказывать мне, где их искать. Я не могу сказать заранее: «Нет ничего стоящего». Не могу! Я должен пройти все эти наслаждения и разочароваться в них. Почему я не примеряю на себя все специальности и не прохожу через все ситуации и состояния, через которые проходят все люди?

Все люди на Земле неразрывно связаны и включены друг в друга. Когда один человек разочаровывается в своих миллиардах, другой – в том, что он врач, третий – в том, что он муж и отец, а – четвертый в том, что он глава правительства, – несмотря на то, что я не пережил всех этих состояний, я тоже во всем разочаровываюсь, от всего отчаиваюсь и ничего этого не хочу. И это – хорошее состояние.

РАЗОЧАРОВАТЬСЯ ВО ВСЕМ

И. Винокур: И что дальше?

М. Лайтман: А что дальше мы должны увидеть в нашем поколении? Все находятся в подавленном состоянии и видят все в черном цвете.

И. Винокур: Мы говорим о наслаждении, а не о черном цвете.

М. Лайтман: В результате этого мы наконец-то перестанем, как собака, крутиться вокруг собственной оси в погоне за собственным хвостом, без конца переходя от желания к наслаждению, пока жизнь не заканчивается, и так из одного перевоплощения в другое. Мы переходим к вопросу: как мне насладиться по-настоящему?

Наслаждаться по-настоящему – значит делать это непрерывно, в совершенной, непреходящей, нескончаемой форме, постоянно увеличивая и наслаждение, и желание.

И. Винокур: Как?

М. Лайтман: Переходя от наслаждения к наслаждению, без ощущения недостатка между ними. Допустим, чем больше я ем, тем больше я хочу есть. Сколько бы вкусов я ни перепробовал, у меня происходит только увеличение вкусов, преумножение желания.

И. Винокур: Как? Как это сделать?

М. Лайтман: И у меня всегда есть возможность это сделать как в желании, так и в наслаждении. Такая возможность есть у меня всегда, и поэтому я нахожусь в постоянном развитии и ощущаю изобилие.

И. Винокур: Как?

М. Лайтман: Надо открыть книгу по каббале и узнать, как это сделать. Но каждый, несомненно, может этого достичь. Сегодня мы уже пришли в отчаяние и достигли конца своих поисков, мы уходим в наркотики, страдаем от депрессии и других душевных болезней. Это знак того, что человечество созрело для правильного вопроса: в чем смысл моей жизни? А с этого вопроса начинается наука каббала, как пишет нам Бааль Сулам в «Предисловии к «Талмуду Десяти Сфирот».

Вся каббала начинается с того, что человек спрашивает: «Какой смысл в моей жизни? Где наслаждение?».

И с этого момента мы приглашаем его к нам, к науке каббала.

ТАК КАК ЖЕ НАСЛАДИТЬСЯ ПО-НАСТОЯЩЕМУ?

И. Винокур: Я хочу задать Вам еще один вопрос. Вы, как каббалист, выпиваете стакан воды. Вы долго говорили, рассказали много интересных вещей и хотите пить.

Вы ощущаете это наслаждение не так, как обычный человек? Я говорю не о стакане воды, я имею в виду весь этот мир. Как человек, ощущающий духовные наслаждения в виде неиссякаемого источника, который непрерывно наполняется, наслаждается нашим миром? Что наш мир для него значит?

М. Лайтман: Какая разница между няней, которая ухаживает за ребенком и получает двадцать или тридцать тысяч рублей в месяц, и матерью, которая ждала этого ребенка двадцать лет, наконец-то получила его и ухаживает за ним? При этом она не получает ни тридцать тысяч рублей зарплаты, ни даже пятьдесят.

И. Винокур: Разница огромна! Это ее ребенок.

М. Лайтман: Это – ее! Это ее жизнь! Она наслаждается каждым действием, каждым шагом. Это настолько наполняет ее разум и сердце, что жизнь становится полной наслаждения. Почему? У меня есть ребенок! Это действительно очень большое наслаждение, ведь это естественная потребность. Так вот это, конечно, несравнимо, но, благодаря науке каббала, человек начинает ощущать, что он получил это детище.

И. Винокур: Во всем? В стакане воды, в стейке, который он ест, в прогулке возле моря, в пейзаже, которым он любуется?

М. Лайтман: Человек начинает ощущать, что этот мир исходит из особого источника, а у него есть связь с этим источником, с Хозяином, с Высшей силой, с Творцом.

Он чувствует, что он связан с Ним, и это не связь высшего с низшим. Это связь друзей, партнеров. Человек достигает слияния, взаимного соединения с Творцом. Он сам обладает таким же статусом, таким же положением, как Творец.

Он становится свидетелем зарождения всей жизни, ее бесконечного течения. Это увеличивает его потребности, его желания, так называемые, духовные сосуды до бесконечных размеров. И все они наполняются знанием и изобилием.

 Мы не понимаем, что наибольшее наслаждение – это ощущение принадлежности к источнику, из которого мы произошли.

Мы постоянно подсознательно страдаем в нашей жизни, потому что не знаем, откуда мы произошли. И теперь с помощью луча света человек приходит к этому источнику, а это самое большое наслаждение, какое только может быть в реальности.

Мы, как я уже сказал, существуем в период, когда каждый может этого достичь, а не только особенные личности, как это было в предыдущих поколениях. Мы достигли отчаявшегося, опустошенного желания, которое требует настоящего наполнения.

 **И ВСЕ-ТАКИ, КАК ЭТО СДЕЛАТЬ?**

О страхе

Беседа четвертая,
в которой мы обращаемся к теме страха
в его различных видах,
начиная со страха смерти и заканчивая
трепетом перед Творцом.
Мы знакомимся с мнением каббалистов
о природе страха, его необходимости и
неизбежности в нашей жизни
и по-прежнему остаемся без ответа
на свои предыдущие вопросы.

СОБЕСЕДНИК НИВ НАВОН

Н. Навон: Сегодня мы поговорим об одном из самых захватывающих, сильных и близких сердцу человека чувств, которое нельзя проигнорировать – о страхе. Это чувство выражается в разных формах, ведь человек боится многих явлений: неизвестности, смерти, боли. Часть этих страхов им осознается, часть чувствуется подсознательно, часто страх испытывают дети. В сущности, чего человек боится?

М. Лайтман:

 Страх происходит от отсутствия непреходящего наполнения нашей души, наших желаний.

Иногда мы вроде бы ничего не боимся, чувствуем себя в безопасности в настоящем и будущем. Это говорит о том, что мы временно ощущаем наполнение наших желаний. А иногда мы действительно чувствуем опустошенность и неуверенность, не находя оправдания, то есть безо всяких причин. Это состояние может достичь таких размеров, что человек заболевает различными страхами – фобиями. В самом начале «Предисловия к книге Зоар» нам объясняют первую заповедь, основанную на страхе, – заповедь трепета пред Творцом.

Человек волнуется о себе, своей семье, родственниках: что с ними случиться сегодня, завтра? Постигнет ли его наказание за то, что он уже сделал или еще сделает? Поскольку он не знает, как себя уберечь, не уверен, правильно или неправильно он себя ведет, то боится будущего. Это называется страхом в этом мире.

ГЛАВНЫЙ СТРАХ ЧЕЛОВЕКА – ИСЧЕЗНУТЬ

Н. Навон: Основным страхом в этом мире является страх смерти. Какова его причина? Почему человек боится смерти?

М. Лайтман: Он боится потери себя: внезапно я исчез! Что произойдет? – Я не знаю. Я всегда чувствовал, что существую, и внутри этого существования были различные ощущения проходимых мной состояний – прошлого, настоящего, будущего. И вдруг я должен себе представить, что ощущение «я существую» исчезает. Этого я себе представить не могу! Есть ли вообще такое состояние, когда я не существую?! Если бы я знал, что его нет, или что оно все-таки есть, то стоял бы перед фактом. Но я этого не знаю, и от этой неизвестности рождается страх! Это действительно основной страх человека.

Чтобы избавиться от него, человек хочет, прежде всего, о нем забыть. Он просто плывет по течению жизни, пытаясь наполнить себя различными наслаждениями. В конечном счете, большинство действий в этом мире мы совершаем для того, чтобы не стоять перед вечным вопросом: что будет после смерти? Я много разговариваю с людьми и часто спрашиваю тех, кто занимается серьезными делами в жизни, бизнесменов, политиков: «Что вас толкает к постоянному умножению богатства, имущества?» Ответ: «Желание не думать о том, что будет!» Выходит, что человек, как ребенок, находит различные дела, чтобы себя наполнить. Он окружает себя помощниками, друзьями, обществом, которое его запутывает и обязывает заниматься чем угодно, лишь бы не думать о том, что будет в конце.

Н. Навон: А боязнь за своих близких?

М. Лайтман: Это чувство подобно страху за имущество: я боюсь это потерять, потому что без этого мне будет плохо. Но это не страх собственного исчезновения.

Есть еще вид страха, который касается сущности жизни: я не наполняю свою жизнь, она пуста, я ничего в ней не достигаю. Такой страх приводит человека к истинному исследованию. Он задает вопрос «почему», «для чего» и приходит к науке каббала.

Н. Навон: Это состояние отличается от страха смерти?

СТРАХ – ЭТО БЕСПОКОЙСТВО НЕ НАПОЛНИТЬ СВОИ ЖЕЛАНИЯ?

М. Лайтман: Безусловно. Обращаясь к науке каббала, человек исследует сущность жизни: «в чем смысл моей жизни?», «для чего я живу?» То есть он хочет себя наполнить, но не знает, чем стоит наполняться.

Н. Навон: Иногда человек ощущает иррациональный, ничем не объяснимый страх. Он тоже связан с отсутствием наполнения?

М. Лайтман: Да, так выражается отсутствие наслаждения.

Все мы, в конечном счете, – желание насладиться, желание получать. И если мы не чувствуем получения в настоящем и не видим возможности получения в будущем, то пребываем в неприятном и тревожном состоянии.

Некоторые люди опасаются голода. Хотя никакой причины нет, но они уже сейчас боятся того, что когда-нибудь у них не будет пищи. И с этим страхом ничего нельзя сделать: это особый вид раскрытия ненаполненного желания.

Н. Навон: А чем объясняется, так называемая, клаустрофобия – страх нахождения в закрытом помещении? Я лично ему подвержен.

М. Лайтман: Это очень известное и распространенное явление. Ты даже не летаешь в самолете?

Н. Навон: В самолете я стараюсь спать. (Смеются)

М. Лайтман: Я знаком с этими страхами и даже когда-то ими занимался. Это действительно очень неприятное чувство.

ТВОРЕЦ УМЫШЛЕННО МУЧАЕТ НАС С ТАКОЙ БОЛЬШОЙ СИЛОЙ!

Н. Навон: В чем причина существования такого широкого спектра страхов?

М. Лайтман: Это связано с нашими желаниями. Когда некий вид желаний не получает наполнения, то это вызывает внутреннее беспокойство. Мы называем это чувство страхом.

В конечном счете, если человек занимается наполнением души, то страхи прекращаются, потому что относятся к его физическому, телесному уровню. А если он занят тем, что находится выше тела, то развивает гораздо более высокие желания и заботится об их наполнении. И тогда небольшие желания как бы исчезают из его ощущения.

Н. Навон: А какова цель страхов?

М. Лайтман:

 Цель страхов – подтолкнуть человека к правильному действию, чтобы тот начал себя реализовывать.

Н. Навон: Каким образом? Как правило, страх сковывает, парализует человека.

М. Лайтман: Верно. Но это также показывает человеку, до какой степени он находится под властью тела. И если, в конце концов, страхи проявляются с очень большой силой, то приводят его к решению: он находит группу людей, изучающих науку каббала. Собственно говоря, это один из импульсов, приводящих его к исправлению. И затем, во время изучения науки каббала тоже возникают страхи, но они относятся к совершенно другому уровню: смогу ли я Его раскрыть и познать, как написано: «Знай Творца и служи Ему»? Его необходимо раскрыть в нашей жизни, и человек постоянно испытывает беспокойство. Но это беспокойство полезно для духовного продвижения.

Н. Навон: Прежде чем мы поговорим о страхах, способствующих духовному продвижению, хотелось бы узнать, есть ли возможность справиться со страхом, преодолеть его?

М. Лайтман: Разумеется, есть много психологических методик и других способов, применяемых в близких к природе мировоззрениях. Они рекомендуют человеку работать, заниматься спортом, участвовать в играх вместе с другими людьми, быть в контакте с обществом. Все это работает. Но я бы сказал, что если человек хочет правильно использовать страхи, понимая, что они приходят из одного источника, что «нет никого, кроме Него», что сам Творец посылает ему эти чувства, которые должны направить его к цели, то относится к ним творчески.

Н. Навон: Что значит, «творчески»?

М. Лайтман: «Творчески» означает, что он начинает их использовать, ведь в любом отрицательном явлении есть положительный смысл. Нет вещи, в которой не было бы противоположной стороны, необходимо лишь ее повернуть.

Н. Навон: Как можно повернуть страх?

СТРАХ КАК ДВИЖУЩАЯ СИЛА РАЗВИТИЯ

М. Лайтман: Если бы я не чувствовал страха, то сейчас упал бы со стула или с третьего этажа, сунул бы руку в огонь. Страх останавливает нас от совершения ошибок и причинения себе непоправимого ущерба.

Если бы не страх, то, выйдя на улицу, я вряд ли был бы цел. Страх защищает нас от опасностей. Если я управляю своим чувством, то мои страхи уравновешены разумом и проходимым мною процессом развития. В течение жизни я использую разные виды страха, однако, изучая общество и природу, я начинаю функционировать правильно и перестаю бояться. Так что страх приводит нас в действие. Чем сильнее человек боится, тем больше у него возможностей для развития.

Повторюсь еще раз. Страхи – это ненаполненные потребности в наших желаниях. Граница потребности, за которой я чувствую, что не смогу получить наполнение, выражается в нас страхом. Чувство ученого, который занимается высокой наукой и не надеется на достижение результатов, – это тоже страх. Страх может касаться самых приятных вещей.

Н. Навон: Что это значит?

М. Лайтман: Например, передо мной на блюде лежит кусочек огурца. Я пытаюсь наколоть его на вилку и боюсь, что не попаду в нужное место! Страхи могут относиться как к самым мелким, так и самым важным вещам: попаду ли, коснусь ли, войду, достигну? Все это страхи, только разных уровней. Главное, как человек их воспринимает и работает ли с ними целенаправленно.

Н. Навон: Существует такая вещь, как боязнь чрезмерного успеха. Это действительно может быть?

М. Лайтман: Да, именно чрезмерного успеха, ведь тогда человек как бы теряет власть над собой. Поэтому лучше оставаться самим собой. Многие остерегаются сглаза: как на него посмотрят, что подумают, ведь мысли людей действуют в мире. Исходя из этого, некоторые люди, зная свою натуру и слабости, предпочитают не добиваться слишком большого успеха.

Н. Навон: Это выглядит странно.

М. Лайтман: Нет, это не странно. Это поведение серьезного, ответственного человека, который понимает, в каких границах способен собой управлять. Это очень уважаемая позиция. Мы не должны скрывать свои страхи. Следует лишь понять, как правильно с ними работать, ведь ничего в мире не создано просто так, у каждого явления есть свое место. Поэтому хороший страх, который нас ведет и развивает, очень важен. Ребенку, который не боится, нельзя ничего объяснить. Как же можно его чему-то научить? Ты объясняешь ему на фоне страхов, как их правильно преодолеть: не стоит бояться, у тебя все получится. Только таким путем человек учится. Ведь, если он не отважится на какое-то дело из-за боязни не добиться успеха, то ничему не научится.

Н. Навон: Значит, следует это поощрять?

М. Лайтман: Нет-нет! Раскрыть страх можно только в той мере, в которой ты можешь его восполнить, то есть научить ребенка правильно с ним работать.

Н. Навон: Допустим, ребенок боится темноты. Он должен с этим чувством бороться, скрыть его, преодолеть?

М. Лайтман: Прежде всего, необходимо поддержать его в выяснении, что он действительно этого боится, как бы это ни было для него неприятно. Затем рассказать, что с тобой тоже такое происходило, поиграть в комнате со светом и темнотой, показывая, что ничего не меняется. Объяснить, что мы не видим в темноте, но есть приборы, которые в темноте работают, то есть им темнота не мешает. Можно днем завязать глаза и как бы играть в темноту: он знает, что сейчас светло, но его глаза завязаны. Так он привыкнет и даже почувствует много дополнительных явлений. Есть такой аттракцион: жизнь без света. Находясь в полной темноте, в нас начинают развиваться другие органы чувств. Эти игры очень полезны для ребенка, и стоит их использовать вне связи со страхами.

Н. Навон: В такой творческой форме можно работать и с взрослым человеком?

М. Лайтман: Ты и темноты боишься?! Я тебя научу! (Смеются.) Вообще, нет человека, который бы не боялся. Среди здравомыслящих людей таких нет! И темноты, и потери чего-то в жизни боится каждый. Вопрос в том, запутывает он себя или работает со страхом разумно, понимая его и справляясь с ним? Скрывает ли он это от себя или, напротив, знает границы того, с чем может справиться, и постоянно эти границы расширяет?

ЭТИ КАББАЛИСТЫ!.. ОНИ НИКОГДА И НИЧЕГО НЕ БОЯТСЯ! ПОЧЕМУ?

Н. Навон: Но если человек боится чего-то, то ничего не может сделать, ведь страх властвует над ним.

М. Лайтман: Вовсе нет! Поэтому я говорю, что работа над собой состоит в том, чтобы обнаружить причину страхов и продвинуться к тому, чтобы не бояться. Главное – вообще не бояться. Почему?

 Если ты достигаешь Источника, из которого тобой руководят, Творца, и устанавливаешь с Ним связь, то все страхи исчезают.

Ведь тогда ты всей душой связан с Ним, и тебе ясно, что все происходящее исходит от Него. Так у младенца, который находится на руках матери и чувствует ее тепло, нет страхов! Это наполняет его на сто процентов. Тогда страха быть не может, поскольку все его потребности естественным образом удовлетворены. И если мы хотим, чтобы все наши келим были наполнены, чтобы полностью исчез страх этого мира, будущего мира, ада, рая и тысячи других духовных и материальных вещей, то должны слиться с Творцом.

Н. Навон: Я чувствую, что Вы даете решение, которое не находится в поле зрения человека.

М. Лайтман: Это верно, но я хочу сказать, что наши страхи ведут нас к цели. Для этого они существуют.

Н. Навон: Я имею в виду, что человек, испытывающий страх, как правило, пытается его скрыть, завуалировать или побороть. А Вы смотрите на эту проблему с высоты или со стороны, что, собственно, и дает истинное решение.

М. Лайтман: Я думаю, что все страхи, в особенности, проявляющиеся в мире в последнее время, являются целенаправленными. Они призваны пробудить человека и направить его на путь к Творцу. Это такие страхи, как боязнь голода, потери имущества, сбережений, – тех проблем, которые сейчас проявляются в мире. Все они направляют человека к исправлению.

Н. Навон: Но человек, как правило, пытается справиться со страхом обычным способом, используя доступные средства.

М. Лайтман: Правильно. Если ему все еще кажется, что они помогут, пусть ими воспользуется.

Н. Навон: Он может?

М. Лайтман: Да, до определенной границы. Если это физические, телесные страхи, то вполне может быть, что он с ними справится. Однако всегда есть предел возможности человека этим заниматься. Как правило, люди не работают со страхом, а пытаются успокоить, затушевать ощущения. Но человек не может постоянно существовать с ослабленными чувствами. Как раз наоборот, он должен быть человеком чувствующим и воспринимающим. От безвыходности он лечится, но страх все равно растет, поскольку эгоизм развивается. Ведь в человеке, в отличие от животных, эгоизм постоянно развивается.

Вырастая, эти страхи становятся более выпуклыми, целенаправленными, не связанными с телом. И тогда человек уже не может идти к врачу, чувствуя, что это уже не тот вид страха, который можно вылечить. Если так, что же делать? Забыться с наркотиками? Сегодня половина мира принимает наркотики. В конце концов, человек чувствует, что это не выход. В нем проявляется особое понимание, что он не избавляется от проблемы тем, что засыпает. Это ложное решение. Тогда он отказывается от наркотиков и обращается к исправлению через науку каббала.

Н. Навон: Как это связано с тем, что он ищет?

М. Лайтман: В процессе учебы он начинает понимать, откуда приходят страхи, проблемы, помехи и стоящие перед ним силы. Ему ясно, что и почему его пугает. Он также узнает, что все эти явления целенаправленные, идущие ему на пользу, он только должен правильно их применить. Познание всей системы приносит ему чувство уверенности: все исходит из одного Источника, Доброго и Творящего добро, который ожидает, что человек к нему приблизится. Тогда он успокаивается и ищет связи с этим Источником.

ТРЕПЕТ ПЕРЕД ТВОРЦОМ

Н. Навон: А что же означает заповедь трепета? Это относится к страху перед Творцом?

М. Лайтман: Написано, что первой заповедью является заповедь трепета перед этим миром и миром будущим: боязнь страданий и наказания за жизнь, прожитую здесь. Это тоже объясняет наука каббала, говоря, что нет будущего мира в том смысле, в каком думает человек. Все его постижение в этом мире – это и есть его будущий мир, ведь после смерти с человеком ничего нового не происходит. Поэтому если он не достиг будущего духовного мира, то должен вновь родиться, чтобы в течение новой жизни достичь того духовного источника, из которого нисходит душа.

Написано: «Мир свой увидишь при жизни». Это значит, что он раскроет духовный мир, живя в теле. Когда человек это понимает, то, прежде всего, его перестает беспокоить неизвестность того, что с ним произойдет. Эта неизвестность больше на него не давит. Он видит, что все устроено чудесным образом для достижения им вечности и совершенства, что во взаимной любви заключено решение всех проблем. И тогда он к этому тянется.

Н. Навон: И все-таки, что такое трепет перед Творцом?

М. Лайтман: Люди выражают так страх перед адом и наказанием, но я не представляю, что есть страх перед Творцом.

Н. Навон: Значит, нет страха перед Творцом? Почему же святые книги говорят, что следует бояться Творца?

М. Лайтман:

 Иной страх перед Творцом: смогу ли я доставить Ему наслаждение в той же мере, в какой Он доставляет мне, если мы находимся в подобии.

Н. Навон: Иными словами, Он Добр и приятен, а я не знаю, смогу ли быть таким?

М. Лайтман: Да. Так хороший ребенок думает о родителях: сможет ли он возвратить им хоть часть того, что они делают для него. Нет страха перед Творцом, а есть трепет, который выше нашего эгоизма: смогу ли я доставить Ему наслаждение?! Это чувство настолько захватывает человека, что он только об этом и беспокоится, прикладывая в этом направлении все свои силы. Это хорошо, но обязывает. Я бы сказал, что это забота праведников, и это большое беспокойство. Хорошо бы нам его достичь!

Деньги

Беседа пятая,
на протяжении которой мы пытаемся понять,
помогут ли нам деньги
избавиться от страданий и страхов.

СОБЕСЕДНИК НИВ НАВОН

Н. Навон: Тема, которую я сегодня выбрал для беседы, интересует многих, если не всех…

М. Лайтман: Ты будто скрываешь некую тайну.

Н. Навон: Да, это нечто заманчивое, к чему все стремятся. Человек чувствует, что только с помощью этой вещи он может быть уверенным в своем будущем и будущем своих детей, ничем не ограниченным, свободным!

М. Лайтман: Каждый человек?

Н. Навон: Абсолютно каждый!

М. Лайтман: Нет такого!

Н. Навон: По крайней мере, так принято думать. Это деньги.

М. Лайтман: Ну, в наше время уже известно, что это не так. Это средство давно потеряло свою ценность. Напротив, сегодня богатый человек чувствует себя менее уверенно: что делать с деньгами? Возможно, завтра от них ничего не останется?

У кого денег нет, тот, по крайней мере, ищет, с помощью чего гарантировать себе безопасность. А надеяться на них… Ходят слухи, что деньги обесцениваются, теряются. Что же будет?! Как мы вообще будем жить в мире без ценности определенной суммы или веса (как известно, монеты раньше измерялись по весу)? То есть, если раньше наличие в кармане денег приносило уверенность, то сегодня это уже не так. Наоборот, это может быть даже препятствием: ты веришь, что деньги гарантируют тебе будущее, и не обеспечиваешь себя другими способами. Может случиться, что именно деньги вдруг потеряют ценность, и ты с их помощью ничего не можешь получить.

Н. Навон: Это ситуация, в которой мы сегодня находимся?

М. Лайтман: Я не знаю, но так чувствую и вижу.

Н. Навон: Если оглянуться в прошлое, то когда-то Вы были удачливым предпринимателем.

М. Лайтман: Да, у меня в жизни было несколько прибыльных международных бизнесов. Я умею их организовывать, и, вообще, по характеру очень реальный человек.

Н. Навон: Какое тогда у Вас было ощущение?

М. Лайтман: Я никогда не чувствовал потребности посвятить свою жизнь этой деятельности. Это было временное занятие, пришедшее ко мне по случаю. Я намеревался с помощью заработанных денег кое-что сделать в жизни: открыть центр обучения каббале и т.д. Но я никогда не предполагал, что они мне что-то дадут. Разве мне нужны роскошь и развлечения в этом мире? Конечно, нет! Я знал, что это хорошее оружие, хорошая сила, если ее правильно использовать. И действительно, когда у меня на протяжении четырех лет была сеть зубоврачебных клиник, в них оборачивались большие суммы.

ЦЕННОСТЬ КАЖДОГО ДЕЙСТВИЯ

Н. Навон: Что же скрывается за понятием денег, если люди так к ним стремятся?

М. Лайтман: Деньги – это эквивалент, мера измерения всего, что человек делает в жизни. Нам необходимо знать ценность, вес каждого действия: насколько оно близко или далеко, насколько я способен или не способен. И если раньше мерой измерения были верблюды и бараны, как написано в древних источниках, то затем пришло время денег.

Н. Навон: Но почему в деньгах заключена такая большая сила, что создается впечатление, будто они могут наполнить любое желание?

М. Лайтман: Это исходит из духовного корня. Деньги (кэсэф) означают покрытие (кисуй): я покрываю свои желания, создав на них экран с помощью правильного использования. Поэтому понятие денег связано с экраном, который я ставлю над своими желаниями. За счет экрана и желаний я могу выполнить то, что хочу, согласно величине экрана, то есть в соответствии с весом денег.

Н. Навон: И это параллельно дает ощущение неограниченности в нашем мире?

М. Лайтман: До определенного уровня.

Н. Навон: Почему только до определенного уровня?

УСТАЛОСТЬ

М. Лайтман: Дело в том, что эгоистическое желание наслаждаться постоянно развивается. Пока я пребываю внутри этого развития, то согласно величине желания получать и имеющейся у меня сумме денег, которые я заработал или унаследовал, у меня есть наполнение этого желания. Поэтому я могу путешествовать, заниматься творчеством, бизнесом – у меня есть наполнение желания получать. Но когда мое желание начинает зависеть от всех, как это происходит сегодня, когда мир стал малой деревней с «эффектом бабочки», и я не вижу в этом мире наслаждений, ради которых стоило бы прилагать усилия, то не знаю, чем себя наполнить. Что мне тогда делать с деньгами? Поэтому мы видим в последнем поколении много разочарованных людей. Они уже не стремятся к занятию бизнесом, как все мечтали в середине прошлого века: больше работать, больше зарабатывать, больше покупать, больше тратить. Сегодня люди устали от этой гонки.

Н. Навон: Но они все еще зарабатывают деньги.

М. Лайтман: Пока что зарабатывают, но уже без прошлого энтузиазма. Что-то в этом процессе исчезло. Поэтому человек уже не смотрит на окружающих, сравнивая свой успех с их достижениями. Это соревнование его уже не наполняет. Почему? Изменилось желание!

 Во всей этой жизни с нами не происходит ничего, кроме изменения нашего желания.

Именно поэтому молодое поколение не стремится зарабатывать деньги и уже не выбирает самые прибыльные профессии. Вообще весь мир оказался в некоей запутанной ситуации, в положении неизвестности. Да и с самим деньгами неизвестно, что будет.

Люди зарабатывали миллиарды – и вдруг их потеряли. А у кого было немного, у того и потеря небольшая. Ведь теряя миллиарды, человек утрачивает силу, конкурентоспособность. Потеря капитала – большой ущерб. А у меня было немного – стало чуть меньше. То есть современный кризис, разразившийся на пике эгоистического развития, которое длилось многие тысячелетия, как бы снижает ценность денег. Верно, что человек хочет уверенности и спокойствия, связи с жизнью и миром, наполнения, но все эти вещи он не связывает с мощью денег.

Н. Навон: Разве нет? Вроде бы рядовой человек все еще работает ради денег.

М. Лайтман: Он желает этих вещей, и насколько их можно приобрести за деньги, готов платить, а если нет, то нет. То есть сами по себе деньги, как было, допустим, двадцать-тридцать лет назад, сейчас уже не являются целью.

Н. Навон: А кто признается, что деньги – цель? Даже миллионер скажет, что не стремится быть богатым, а деньги – лишь средство…

М. Лайтман: Ну, так сегодня это уже не средство. Мы достигли состояния, когда деньги не приносят наполнения, которого человек сегодня хочет.

Н. Навон: Потому что они обесцениваются?

М. Лайтман: Нет, дело не в самих деньгах. Деньги остаются деньгами, бизнес бизнесом. Просто желания, которые сейчас проявляются и растут в человеке, требуют наполнения, не связанного с деньгами. Человек хочет наполниться знанием смысла жизни: почему он живет и зачем. А иначе у него нет сил двигаться.

Н. Навон: Так было с Вами в период занятий бизнесом?

М. Лайтман: Конечно. Но я знал, для чего работаю. Я хотел обеспечить себя на несколько лет вперед, чтобы иметь возможность заниматься поисками духовного.

Н. Навон: То есть на каком-то этапе Вы прекратили бизнес, поняв, что деньги Вас больше не интересуют?

М. Лайтман: Да. Мой брат уехал в Канаду, забрав с собой родителей. Между прочим, профессиональной частью бизнеса руководил отец, стоматолог по специальности, поэтому после их отъезда я просто оставил клинику работавшему там врачу.

Н. Навон: Как человек в трезвом уме может так поступить? Все-таки клиника давала прибыль?

М. Лайтман: Наступает момент, когда ты больше не можешь продолжать.

Н. Навон: Почему? Что плохого в бизнесе?

М. Лайтман: В нем нет никакого наполнения. По правде сказать, у меня было достаточно средств, чтобы затем в течение многих лет почти не работать, вплоть до смерти РАБАШа. Все эти годы я не заботился о заработке и лишь после смерти РАБАШа возвратился к работе. Понемногу я работал и рядом с ним (он меня обязывал), но не ради денег, а ради самой деятельности. Даже если человек не нуждается в средствах, он должен быть полезным.

Н. Навон: В какой момент желание к деньгам перестает давать человеку наполнение?

М. Лайтман: Не все люди вообще получают наполнение от денег. Например, художника в процессе работы ничего не волнует. Создавая картину, он не спит, не ест и, конечно, не думает о деньгах. Он готов писать своей кровью, чтобы закончить работу! Что ты скажешь о нем? То же самое касается писателя, ученого, историка, первооткрывателя. Не всегда наполнение приобретается за деньги. Это уже потом кто-то продает картину художника за миллионы, а он сам этого сделать не может. Он просто не чувствует этих миллионов. Для него сам процесс создания картины в муках, страданиях и боли является жизнью и наполнением. И он не променяет этого ни на какие миллионы, иначе он не художник.

Н. Навон: То есть он получает наполнение не от денег?

М. Лайтман: Сказано: «Бережно относитесь к бедным, ибо от них исходит Тора».

Н. Навон: Что это значит?

НА ПОРОГЕ НОВОГО МИРА

М. Лайтман: Человек, который беден, чувствует не восполненную потребность, а потому находится в поиске. Поиск приводит его к свету. Поэтому я думаю, что мы сейчас стоим на пороге раскрытия нового мира. Об этом свидетельствуют желания, пробуждающиеся в молодом поколении. Наши дети не могут изучать того, что мы им предлагаем, не могут жить в том мире, в котором мы живем, не могут брать с нас пример. Они находятся здесь как бы от безвыходности, не чувствуя себя дома рядом с родителями. Их дом – это монитор компьютера, в котором скрыт их мир со своими ценностями. Посмотри на них: малыши лишены физического спокойствия, а подростки оторваны от родителей. В новом мире раскрываются новые желания, как у взрослых, так и у детей. Мы живем в поколении, переживающем духовный переворот.

Н. Навон: Когда-то мы думали, что технологический прогресс позволит нам добывать пропитание без усилий, с легкостью. Но сегодня выясняется, что это не так. Мы трудимся изо всех сил, чтобы обеспечит потребности своей семьи, но средств, как правило, не хватает. Почему это так трудно?

М. Лайтман: Чем выше мы развиваем технологии производства, тем больше противостоим природе. Разве не чувствуется, что в ответ на нашу деятельность природа реагирует враждебно? Это происходит оттого, что мы ей противоположны. Сегодня в каждом из нас эгоизм достиг огромных размеров. С другой стороны, мы чувствуем связь между собой.

 Неожиданно сегодняшние люди оказались в состоянии, когда увидели, что все они друг с другом связаны.

На протяжении истории мы развивались в своем эгоизме: в стремлении к деньгам, славе и так далее. Достигнув определенного уровня эгоизма, мы вдруг включились в сеть, которая нас связывает. Теперь мы обязаны развиваться именно в связи между собой. Ведь, если мы уже связаны, что остается делать? Убежать невозможно: мир – маленькая деревня, все находятся в одном месте под воздействием «эффекта бабочки», в полной зависимости друг от друга.

А поскольку мы, желая того или нет, ненавидим друг друга и хотим использовать, то в такой форме существовать не можем.

Трудно жить и терпеть страдания, не понимая, зачем и для чего это необходимо, кто от этой жизни получает наслаждение? Человек не видит вокруг себя примеров, которым стоило бы следовать, которые можно применить для себя. Раньше, если отец был ремесленником или крестьянином, сын продолжал его дело. Дети не покидали дом, они естественно перенимали профессию родителей.

Н. Навон: И Вы были бы врачом, продолжая семейную династию!

ВРЕМЯ СКИТАЛЬЦЕВ

М. Лайтман: Мои родители очень этого хотели, но я воспротивился. В принципе, преемственность существовала в течение многих поколений, когда профессию получали в наследство вместе с необходимым оборудованием. Занятия в роду не менялись в течение десятков и даже сотен лет. Было ясно, что сын кузнеца тоже будет кузнецом, получит от отца все инструменты и так будет себя обеспечивать. А что сегодня?

Современный человек в течение жизни меняет несколько профессий! И даже если не меняет, то должен постоянно совершенствоваться в своей специальности. Ведь если он не учится и не дополняет то, что выучил в молодости, то не справляется с работой. Он должен постоянно учиться под нажимом стремительного прогресса. Получается, что мы с каждым днем якобы отрываемся от себя предыдущего: я должен сегодня быть другим! Поэтому нет связи между мной вчерашним и мной сегодняшним, нет связи между родителями и детьми. Что дети могут перенять у родителей?

Н. Навон: Верно, но и нашим родителям, и нам все еще трудно зарабатывать деньги. Эта тенденция не изменилась – так было всегда.

М. Лайтман: Но сегодня трудность заключается не столько в том, чтобы заработать, сколько в том, что это не привлекает.

Н. Навон: Что не привлекает? Я говорю просто о пропитании!

М. Лайтман: Даже пропитание! Сегодня молодежь готова несколько лет путешествовать в горах, жить в Индии, принимать наркотики, успокаивая себя. Потом они начинают заниматься бизнесом и создают семью, если вообще до этого доходят. То есть они хотят избавиться от любых обязательств.

 Мы пришли к тому, что наше желание насладиться не стремится больше выстроить себя в этом мире, поскольку он уже не кажется ему тем местом, где необходимо обитать.

Этот мир такой преходящий, дешевый и пустой, что не стоит так много в него вкладывать: упираться всеми силами, зарабатывать, строить дом, заводить хозяйство, семью со всеми ее проблемами. Сегодня все это потеряло ценность, важность, вес, поэтому человек кочует из квартиры в квартиру, от партнера к партнеру. Люди разводятся, сходятся и вновь разводятся. Дети от одного брака, от другого, общие и так далее. Все бродят, скитаются...

Н. Навон: Описываемая Вами ситуация происходит от безвыходности...

М. Лайтман: Это не просто модное явление. Сегодня оно характерно для всего мира, кроме отдельных цивилизаций типа мусульманской, где все еще удерживают людей внутри религии. Впрочем, и там ситуация меняется, проблемы растут, и скоро не будет возможности сдерживать людей силой. Выходит, что весь мир становится другим. А изменение, как я уже говорил, состоит не в том, что желание получать стало больше. С одной стороны, оно утратило ценность той эгоистической жизни, которая была прежде. С другой стороны, человек начинает чувствовать, что связан со всем миром и зависит от него. Причем, не только весь мир влияет на него, но и он воздействует на всех. Постепенно, и это довольно медленный процесс, мы осознаем, что мир новый.

Н. Навон: Я хочу привести реальный пример. Мой брат был руководителем большой и преуспевающей туристической фирмы, принимающей гостей, в основном, молодежь, из разных стран. В условиях кризиса число туристов снизилось, и он остался без работы. У него семья, дом, ипотечная ссуда – все как у всех. И вдруг нет работы! Что ему делать?

М. Лайтман: Пусть найдет нечто близкое его сердцу и способностям: воспитывает детей и подростков в школе, различных кружках. Если он по характеру похож на тебя, то у него получится. Твой отец тоже педагог?

Н. Навон: Да, у нас вся семья связана с воспитанием. И все же, какое решение предлагает человеку наука каббала? Если он начнет ею заниматься, его финансовое положение изменится?

ВЫШЕ ДЕНЕГ, ВЛАСТИ И СЛАВЫ

М. Лайтман: Нет, это нечто другое. Прежде всего, наука каббала объясняет человеку строение мира, в котором он находится, и этапы проходимого им развития. Почему сейчас вдруг все меняется? Можно ли что-то предпринять и в наших ли это силах? Где кроется свободный выбор человека, то есть место, в котором он на самом деле действует?

Если я буду его знать, то сосредоточу свои силы в этой точке, вместо того чтобы разбрасываться на множество других действий и областей, от которых не вижу никакого результата: ни хорошего, ни плохого. Так ребенок много бегает и шумит, но от этого нет никакой пользы.

Наука каббала объясняет процесс, проходимый природой. Человек находится внутри природы и развивается вместе с ней от начала и до конца своей жизни. Он должен знать, чего в течение этой жизни может достичь, что от него зависит и где ему приложить усилие, чтобы достичь максимально хорошего результата. Все это касается жизни в этом мире. Кроме того, наука каббала объясняет, как, живя в этом мире, мы можем достичь не только самых лучших результатов…

Н. Навон: Счет в банке увеличится?

М. Лайтман: Это не касается счета, профессии или развлечений! Тебе объясняют, как почувствовать себя в этой жизни хорошо, причем не имеет значения, предпочитаешь ли ты деньги, славу, власть или науку – это уже зависит от конкретного человека. Наука каббала объясняет, как использовать эту жизнь, чтобы в ней было наполнение. Она приводит тебя к более высокому желанию, чем благополучие в этой жизни с ее удачами и неудачами в разных областях. Ты хочешь то денег, то славы или власти, то знаний, то семьи – не важно: ты поднимаешься над всеми этими стремлениями с помощью некоего нового желания.

В этом желании ты чувствуешь принадлежность к вечности, строишь в нем основу, прикладываешь усилия и создаешь нечто такое, что наполняет тебя в течение этой жизни и открывает возможность продолжения пути за ее пределами. То есть раньше ты ощущал, что живешь определенный период, старишься (и для этого времени тебе тоже нужны деньги) и приходишь к концу, упираешься в стену. А наука каббала, кроме того, дает хорошее ощущение и уверенность на всю эту жизнь: вдруг в этой стене открывает проход – и ты продолжаешь существовать дальше!

Н. Навон: Это описание напомнило мне притчу. Рассказывается о человеке, который живет в лесу, ничего, даже рубашки, не имеет – и счастлив. Что это означает? Как можно быть счастливым, если у тебя ничего нет?

М. Лайтман: Что значит «ничего нет»? Он так не чувствует. Он чувствует, что у него есть все необходимое. Скажем, для обеспечения себя и семьи тебе необходимо 2000 долларов в месяц. Этим ты удовлетворен и считаешь, что у тебя есть все. Одним необходимо в 10 или в 100 раз больше, а у других такой потребности нет. Они работают в различных областях, но их удовлетворение не зависит от величины их заработка, ведь наше желание не наполняется деньгами.

Деньги – лишь средство получения наслаждения. Но можно наполнить желание наслаждением и без подобного средства!

Как в упомянутой тобой притче: у человека нет рубашки, а он счастлив. Откуда радость? Возможно, у него есть еще что-то? – Нет!

Н. Навон: Это действительно трудно понять!

М. Лайтман: Трудно, потому что ты подходишь к нему со своей меркой! Для тебя быть счастливым означает обладать определенным набором вещей, а без этого ты мертв! Для него же наоборот: именно без всех этих вещей он чувствует жизнь! И это потому, что нашему желанию получать, нашему стремящемуся к наполнению эгоизму не нужны деньги, слава или власть. Эти стремления мы получили от общества и гонимся за ними, вдохновившись тем, что это кому-то важно. Но если говорить честно, то человек просто хочет быть счастливым, наполненным! А это наполнение не зависит от количества нулей в банке. От этого банк радуется, а я лишь могу похвастаться: смотрите, сколько у меня нулей! То есть я счастлив относительно других людей и поэтому от них зависим. Но для истинного наполнения, – и наука каббала обучает, как это сделать, – нет никаких ограничений: каждый человек может этого достичь.

УДАЧНОЕ ВЛОЖЕНИЕ

Н. Навон: Если мы вернемся к приведенному примеру и проиллюстрируем его таким образом, что вдруг некий миллионер приносит Вам чемодан с миллионом долларов…

М. Лайтман: Миллион – это мало…

Н. Навон: Мало?!

М. Лайтман: У меня большие планы! (Смеются.)

Н. Навон: Как Вы отнесетесь к такому предложению? Как себя почувствуете, что сделаете?

М. Лайтман: Если появляется спонсор, то мы расширяем наши возможности распространения: это и телевизионный канал, и различные проекты в сети Интернет. Мы можем принять еще несколько человек на работу и в соответствии с этим разрабатывать новые направления в распространении. Для этих целей, безусловно, стоит иметь деньги. Но мы также верим, что как только у нас рождается хорошая программа с сильным желанием, а главное, что мир становится готовым для ее реализации, то мы получим поддержку и не обязательно в виде чемодана с долларами. Это может реализоваться другим образом. Так неожиданно американская фирма купила нам оборудование, необходимое для телевизионной трансляции, а это очень солидная сумма.

Мы изучаем в науке каббала, что если человек действительно понимает, как продвигаться правильно, то получает поддержку. Это просто чудо! Обо мне думают, что я удачлив в отношении денег. Это на самом деле так выглядит. Люди не понимают, что я стараюсь сделать самое лучшее вложение, способствующее исправлению, и поэтому так происходит.

Н. Навон: Это является правильным вложением?

М. Лайтман: Да, и потому оно успешное.

Н. Навон: Что ж, это полезный совет.

М. Лайтман: Я уверен, что если человек правильно продвигается в жизни, то есть действительно хочет быть отдающим и искренне верит своим учителям, что именно так должно быть, если он так поступает, не извлекая никакой пользы для себя, то у него всегда будут средства для дальнейшего развития.

Власть

Беседа шестая,
во время которой мы продолжаем свои
попытки разобраться в том,
как избежать страданий и страхов
и наслаждаться, управляя собственной жизнью
и владея любой ситуацией.
Нам напоминают, что это невозможно,
и объясняют почему.
Мы беседуем о добром и злом правителях,
об истинном «я», принимающем решения,
о любви и отдаче.
Мы узнаем о том, что каждую секунду жизни
хотим использовать всех и каждого для того,
чтобы наслаждаться самим, —
но это вовсе не плохо!

СОБЕСЕДНИК ИЛЬЯ ВИНОКУР

И. Винокур: Давайте поговорим о власти. Я много думал об этом. Понятие «власть» включает в себя множество аспектов, и мы поговорим об этом с разных углов зрения. Но более всего мне было интересно начать с самого личного и близкого человеку вопроса, и я хотел бы, чтобы Вы ответили на него как каббалист, как человек, который смотрит на все сверху. Почему каждый человек чувствует, что ему очень важно управлять тем, что с ним происходит в жизни?

М. Лайтман: Потому что человек не ощущает, что кроме него существует дополнительное управление. Есть посторонние силы, которые могут управлять им по своей воле, а его желание противоположно им, поэтому он боится и должен защищаться.

То есть он должен контролировать все внешние воздействия, а также сдерживать свои внутренние порывы, не давая им вырваться наружу. Поэтому, если человек не контролирует и не анализирует того, что в нем пробуждается или воздействует на него извне, он чувствует себя незащищенным.

 Власть это, по сути, и есть мы сами, желание насладиться, которое является нашей подлинной природой, и хочет управлять любой ситуацией.

И. Винокур: Почему бы нам ни быть устроенными иначе? Что нам мешает просто плыть по течению жизни? Почему человек ощущает, что он должен держать в руках бразды правления, а не может просто расслабиться и жить – что будет, то будет. Почему мы так устроены?

М. Лайтман: Мы созданы, как желание получать, желание насладиться, которое боится, что в любую следующую минуту вместо наслаждения начнет ощущать страдания. Отсюда в нас возникает желание управлять любым состоянием.

И. Винокур: Чтобы избежать страданий?

М. Лайтман: Да.

ВО ВЛАСТИ СОБСТВЕННОГО ЖЕЛАНИЯ

И. Винокур: Вы только что упомянули множество внутренних и внешних факторов, воздействующих на человека – целая цепочка компонентов. Так вот, если я хочу достичь состояния, в котором я управляю тем, что происходит в моей жизни, что я должен делать?

М. Лайтман:

 Управлять всем в этом мире – это значит управлять своим собственным желанием. Только и всего.

И. Винокур: Каким желанием?

М. Лайтман: Я должен управлять своим желанием, но я знаю, что не способен на это. Чем больше человек развит, тем больше он видит, насколько он слаб и зависим от своих внутренних порывов и внешних обстоятельств, и это создает ему проблему. Ты видишь, что сегодня весь мир пришел в своем развитии к такому состоянию, что мы не знаем, как жить дальше. Мы построили такую сложную систему взаимоотношений между странами, народами и людьми, но не можем управлять ею и не знаем, что будет завтра.

И. Винокур: То есть эта система вышла из-под контроля и бесчинствует, как творение, которое восстало против своего создателя.

М. Лайтман: Сегодня всех преследует страх. Люди говорят даже о возможности третьей мировой войны, войны Гога и Магога, но как будто смирились с этим: «Ну, будет, так будет, что же делать? Я не властен даже над собой и над своей семьей…». Человек начинает ощущать, что от него ничего не зависит. И это хорошо.

И. Винокур: Что в этом хорошего?

М. Лайтман: Это хорошо, поскольку мы, наконец-то, начинаем воспринимать себя правильно, понимать, что мы действительно находимся во власти нашей природы, которая не считается с тем, что мы чувствуем или желаем.

И. Винокур: Что значит «наша природа»?

М. Лайтман: Наша природа – это наше эго, желание насладиться, и это желание вертит нами так, как хочет. Что с этим делать?

И. Винокур: Если можно, у меня есть еще вопрос. Как от желания насладиться, которое является нашей природой (Вы вышли на глобальный уровень, так что продолжим на том же уровне), мы пришли к состоянию, когда мир рассыпается в наших руках, а мы не знаем, что делать. Желание насладиться является нашей природой – это звучит, как нечто положительное…

М. Лайтман: Это вовсе не положительное желание, оно толкает меня на всевозможные, тоже не положительные действия…

И. Винокур: Я хочу насладиться, что в этом плохого?

М. Лайтман: Но если ты не находишь источник наслаждения, ты начинаешь сходить с ума. Ты впадаешь в отчаяние, обращаешься к наркотикам, террору – ты ищешь, чем себя наполнить. Желание насладиться заставляет тебя искать такие наполнения, от которых ты наслаждаешься сегодня и получаешь удары завтра.

И. Винокур: Вы изображаете это как силу, которая повелевает мной внутренне.

М. Лайтман: Она управляет нами, а мы можем только смотреть со стороны, насколько мы управляемы и совершенно не властны над этим.

И. Винокур: Нами управляет желание насладиться. Правитель это тот, кто заставляет тебя делать то, что хочет он. Если наш правитель – желание насладиться, что в этом плохого? Он заставляет нас наслаждаться – это, как будто, положительное направление? Он направляет нас в сторону наслаждения?

М. Лайтман: Дело в том, что это желание создано так, чтобы показать нам, что мы не можем насладиться самостоятельно. Как бы я ни хотел насладиться, если я наполняю это желание, наслаждение исчезает потому, что наслаждение гасит желание. Я снова остаюсь пустым, снова поднимается новое желание, снова я бегу за наполнением, наполняюсь на мгновенье – и снова опустошаюсь. И так всю свою жизнь я должен бежать, чтобы найти мимолетное наслаждение и наполнить свое желание, и этот бег не прекращается, пока я не устаю и не умираю. Такова наша жизнь. Кроме того, средства массовой информации, окружение, реклама предлагают мне новые источники наслаждения, за которыми я устремляюсь, заполняя свою жизнь бессмысленным бегом. Иногда я получаю маленькие удовольствия, на мгновенье достигаю наслаждения, но в следующую минуту опять оказываюсь пустым.

Если бы я действительно переходил от одного наслаждения к другому, движимый желанием насладиться, что могло бы быть лучше? Но получается, что от этого бега я становлюсь все более и более пустым, и об этом сказано, что «человек умирает, не достигнув и половины желаемого».

И. Винокур: Так что же, этот повелитель такой коварный, что он говорит: «Я управляю тобой и веду тебя к наслаждению, к прекрасному состоянию…»

М. Лайтман: Чтобы ты усвоил, что от этого ты станешь еще более опустошенным. Он как будто хочет мне добра и оказывается моим самым большим ненавистником. Он заставляет меня работать. Но как только я получаю вознаграждение и достигаю чего-то, он отбирает это у меня. Только на одно мгновенье я ощущаю, что чего-то достиг, и вдруг – оп! – это исчезает, – и я снова остаюсь пустым. Получается, что он постоянно заставляет меня искать наслаждение, а когда я нахожу его – оно исчезает, я все больше и больше опустошаюсь и начинаю спрашивать, какой смысл в жизни, какая польза от этого непрерывного бега, что делать?

Это происходит и с отдельным человеком, и со всем человечеством. Это видно по количеству людей, страдающих от депрессии, употребляющих наркотики, по усилению террора, по общему распаду. Посмотри, что происходит в любой области. Это приводит нас к общему вопросу: в чем суть жизни, какой в ней смысл, что это за процесс?

И. Винокур: Я совершенно солидарен с вопросом «кому нужна эта непрерывная гонка?». Я могу сказать о себе лично, что с очень раннего возраста, когда мне было около 20 лет, еще до того как начался настоящий бег по жизни, я увидел перспективу своей будущей жизни и сказал себе, что я не хочу начинать этот марафон. Как будто я стою у исходной точки, смотрю вперед, вижу весь этот бег и не хочу этого. Я думаю, что с этим многие согласны. Но я спрашиваю, какая связь между вопросом о смысле этой беготни и тем очень хитрым и умным правителем, который обещает, что нам будет хорошо и каждый раз…

ДОБРЫЙ И ЗЛОЙ ПРАВИТЕЛЬ

М. Лайтман: Он хочет показать нам, что он плохой правитель, чтобы мы возненавидели его, возненавидели нашу природу. Он хочет внушить нам, что мы должны выйти из-под его власти, подняться над ним. Он очень коварен и умен. Это наша природа, и ей отведена очень важная роль – показать нам, что она собой представляет и что есть, видимо, возможность существовать иначе: не стремиться постоянно за наслаждением, которое все равно ускользает, а вообще не устремляться за наслаждениями.

И. Винокур: Так что, вообще не получать удовольствие от жизни?

М. Лайтман: Нет, наслаждаться, но по-другому.

 Не надо искать наслаждения вовне, надо искать их внутри себя, там, где они и находятся.

Если я думаю, что наслаждение существует снаружи от меня, то я нахожусь в непрерывной погоне за ним, а если я думаю, что оно находится во мне…

И. Винокур: Где именно во мне?

М. Лайтман: Где? Именно в этом заключается проблема. Если я думаю, что есть что-то хорошее извне, то я стремлюсь наружу. Но если я сожалею об этом и понимаю, что снаружи нет ничего хорошего, что, сколько бы я ни бегал, я остаюсь пустым, причем, эта пустота вдвое больше, чем прежде, это обращает меня вовнутрь, и я начинаю думать, что есть другой способ для наполнения.

Если все существует у меня внутри, то мне не надо ничего внешнего, внутри себя я должен раскрыть источник нескончаемого наслаждения. Он находится во мне и наполняет меня сейчас, я должен только раскрыть его изнутри. И мое отношение к внешнему становится таким, как будто у меня ни в чем нет недостатка. Наоборот, я могу поделиться со всеми: «Возьмите все, что у меня есть!». Я хочу относиться ко всем с отдачей и любовью, и когда я начинаю так относиться ко всему внешнему миру, то начинаю раскрывать, что во мне существует неиссякаемый источник, что внутри у меня есть все.

Когда я все время желаю отдавать, изнутри во мне вдруг появляется внутренняя сила. Можешь назвать ее высшей силой, от которой я могу все время брать и отдавать в ощущении, в разуме, в постижении. Я неожиданно ощущаю, что если только я хочу относиться к миру, желая не получать от него, а отдавать ему, то с точки зрения ощущения, понимания, мышления, а также и власти, у меня есть что отдать.

И. Винокур: Что значит «а также и власти»?

М. Лайтман: Поскольку в этом случае я не забочусь о себе…

И. Винокур: Потому что у меня есть все, и все находится во мне: во мне бесконечность, некий источник?

М. Лайтман: Да, у меня ни в чем нет недостатка. И тогда именно в моем отношении к другим я действительно выхожу из себя и хочу таким образом связаться со всей реальностью. По мере того, как я хочу связаться с реальностью в такой форме, я начинаю раскрывать в себе бесконечную силу, бесконечный разум, специальную программу, в которой «помощь против него» – того самого эгоизма, того самого желания насладиться – начинает работать в противоположной форме. Он сам начинает работать!

И. Винокур: Тот самый прежний правитель, который властвовал надо мной, заставляя меня метаться по всему земному шару в поисках чего-то?!

М. Лайтман: Прежде он заставлял меня искать что-то вне меня, а сейчас он помогает мне найти то, что у меня внутри.

И. Винокур: Тот самый правитель?

М. Лайтман: Тот самый правитель, только он действует в противоположной форме.

И. Винокур: В таком случае, кто управляет? Он уже не управляет?

М. Лайтман: Конечно, управляет он, только, как я уже сказал, в противоположной форме.

И. Винокур: Раньше это был плохой правитель…

М. Лайтман: Раньше он был плохой правитель, потому что заставлял меня искать наслаждения извне, а сейчас, наоборот, он помогает мне выйти наружу, чтобы связаться с другими.

 Именно в той мере, в которой я отменяю свой эгоизм и над ним связываюсь с другими людьми, я и раскрываю внутри себя Творца, источник этого бесконечного наслаждения.

И. Винокур: Это состояние, которое Вы описываете, означает, что я начинаю управлять своей жизнью?

М. Лайтман: Благодаря этому я, конечно, начинаю управлять своей жизнью, поскольку этот источник мой. Этот источник неиссякаем, это, через любовь к другим людям, моя внутренняя связь с Творцом, которого я раскрываю в себе. Если я взаимодействую со всем миром, отдавая ему (как эта сила, как Творец, который хочет, чтобы я был его посланником, чтобы я отдавал, чтобы я передавал от Него всему миру высший свет, радость, счастье, тепло, любовь), если я обращаюсь к миру в такой форме, то начинаю раскрывать, что во мне на самом деле действует эта Высшая сила, Творец. А то, что было раньше, злое начало, моя эгоистическая природа – это была обратная сторона этой силы, ее противоположность. Она действовала во мне в противоположной форме, а сейчас работает непосредственно в форме отдачи.

А ГДЕ ЗДЕСЬ «Я»?

И. Винокур: Эта новая сила – Творец, который сейчас управляет мной и заставляет меня действовать в противоположной форме. Это звучит так, как будто мы поменяли одно управление на другое. Сначала мною повелевал злой царь, а теперь – добрый.

М. Лайтман: Совершенно верно. Ты спрашиваешь, где здесь «Я»?

 Я это всегда тот, кто принимает решение.

Всегда ли у меня есть свобода выбора соединяться с другими или нет, и в какой мере?

Эгоизм не исчезает, я не заменяю его полностью другой силой, я нахожусь между этими двумя силами. Насколько я преодолеваю эгоизм и выхожу «из себя» к другим, настолько я открываю внутри себя Творца. Выходит, что я все время нахожусь между злым и добрым правителем, и каждое мгновенье я решаю, в какой мере один превалирует над другим.

 Всегда во мне есть борьба между двумя силами: эгоизмом и Творцом, – а я это тот, кто находится посередине. Но оказывается, что это именно я управляю ими обеими, я решаю, какая из них и в каком объёме будет ежеминутно господствовать во мне.

ИСПОЛЬЗОВАТЬ ВСЕХ И КАЖДОГО

И. Винокур: Это очень интересно, но давайте вернемся на землю и посмотрим на тему управления и власти немного с другой точки зрения. До сих пор мы говорили, что человек хочет контролировать свою жизнь и обнаруживает, что находится во власти «злого Царя», затем раскрывает «доброго Царя» и начинает управлять ими обоими. Я хочу, чтобы мы вернулись к отношениям между людьми. Давайте поговорим о власти относительно общества. Почему мы желаем властвовать над другими?

М. Лайтман: Зависть, гордость, уважение, достижение счастья – все наши наполнения связаны с окружающим обществом. Так мы устроены, и так мы чувствуем, мы наполняемся от окружения. Я должен быть уверен, что мне обеспечено существование, я должен быть уверен в завтрашнем дне, в том, что окружение поможет мне, что я важнее, чем другие, что я обладаю властью над обществом и всегда получу от него то, что мне нужно.

И. Винокур: Быть уверенным в завтрашнем дне означает, что у меня в холодильнике есть кукурузный шницель для детей на завтра и какое-то количество денег в банке для более далекого будущего. Как это связано с тем, что я хочу повелевать другими?

М. Лайтман: Кроме желания обеспечить на завтра физическое существование себя и своих детей, я хочу наполнить свои более развитые желания: уважение, власть. Я не могу без этого: я должен быть известным, чтобы люди знали меня, чтобы с моим мнением считались, чтобы мне подчинялись…

И. Винокур: Почему мы созданы такими?

М. Лайтман: Это различные проявления нашего эгоизма, которые должны привести нас к ощущению, что мы ничем не можем его наполнить. Почему? Потому что когда мы начинаем работать с нашим эгоизмом не в форме получения наслаждения для себя, а в форме любви и бескорыстной отдачи, когда мы выходим наружу, «из себя», чтобы раскрыть Высшую силу, Творца, тогда те самые свойства: властность, постоянное стремление к почестям и господству, – превращаются в противоположные, чтобы с их помощью мы смогли достичь этого выхода.

И. Винокур: Как с помощью желания властвовать над всеми, заставить всех делать то, что я хочу, я достигаю чего-то другого? Что в нем хорошего?

М. Лайтман: Благодаря этому желанию я начинаю чувствовать ближнего. Сначала я ощущаю тебя эгоистически: «Как я могу его использовать? Как я могу подчинить его себе? Как могу сделать так, чтобы он был рядом со мной, как тряпка, как слуга, находящийся в моем полном подчинении?»

И. Винокур: Так каждый человек относится к другим?

М. Лайтман: Так я отношусь ко всему, к жизни и к каждому человеку.

И. Винокур: Это то, что Вы видите? Когда Вы глазами каббалиста смотрите на людей, Вы видите, что это то, что ими движет?!

М. Лайтман: Все без исключения так проверяют свое окружение, не отдавая себе в этом отчет. Только так происходит расчет: «Насколько я управляю другим? До какой степени он находится в моей власти?», – и так во всем, каждую минуту.

ЧТО В ЭТОМ ХОРОШЕГО

И. Винокур: Это происходит в нас постоянно?

М. Лайтман: Это происходит в нас автоматически и постоянно. Что в этом хорошего? Если я привык так относиться к жизни, к миру и ко всем окружающим, это помогает мне ощутить связь с миром, и когда я хочу выйти из себя наружу, это помогает мне относиться к другим с отдачей и любовью, ведь я уже начинаю ощущать их. Своим эгоистическим отношением ко всему миру я построил линии связи: желание управлять всеми, быть признанным, авторитетным, использовать весь мир. Эти линии связи, основанные на стремлении к власти, известности, знаниям, желании ничего не пропустить, за которые мой эгоизм везде автоматически цепляется, я начинаю использовать ради отдачи, ради любви.

Когда я использую эти же самые линии связи на благо ближнему, я раскрываю в себе источник любви и отдачи, который называется Творцом, и наполняюсь этим бесконечным ощущением, – как Он. Так же как прежде я хотел наполниться за счет других, но не мог, тем же способом я сейчас могу неограниченно наполнить себя за счет Творца.

И. Винокур: Вы использовали выражение «линии связи». Это выглядит как инфраструктура, которую мы строим, а затем используем эту же инфраструктуру для нового движения, для чего-то другого.

М. Лайтман: Именно так. Мы учим в науке каббала, что мы проходим двойное скрытие Творца от нас: Его простое скрытие, строим все эти линии связи, осваиваем их, а затем трансформируем для нового использования.

И. Винокур: Я хочу задать Вам личный вопрос. Мне кажется, что здесь происходит какой-то щелчок, переключение, изменение направления на 180о. Инфраструктура остается той же, но автомобиль разворачивается и начинает двигаться в обратном направлении.

М. Лайтман: Другое использование.

И. Винокур: Когда Вы впервые почувствовали в себе это изменение…

М. Лайтман: Я не помню.

И. Винокур: Я не имею в виду время, когда это произошло, я спрашиваю, когда это случается в первый раз, это вызывает удивление? Что это?

ВЛАСТЬ НАД ТВОРЦОМ

М. Лайтман: Это дает свет. Ты начинаешь понимать и чувствовать, что все, что ты подготовил в своей жизни неосознанно, во тьме и хаосе, было правильно и неслучайно. Это было частью прекрасного и очень точного плана, который в процессе такого развития привел тебя к твоему теперешнему состоянию. И сейчас все, что ты подготовил, ты начинаешь использовать с пониманием, осознанием и в правильной форме. Ты становишься очень радостным, потому что наконец-то можешь оправдать свое существование и раскрыть, что ты действуешь заодно с этой отдающей силой, с Творцом: Он раскрывается изнутри, в твоем отношении к окружающим с отдачей и любовью, Он решает за тебя, Он помогает тебе, Он раскрывает тебе.

Но подобно тому, как в погоне за эгоистическими наслаждениями, ты все время бежишь и опустошаешься, так же и здесь. Каждый раз, когда ты начинаешь связываться с другими, используя линии связи любви и отдачи, ты реализуешь какую-то часть – и она исчезает, снова в тебе поднимается желание насладиться, на которое ты опять должен построить линии связи, но уже более устойчивые, рассчитанные на большую отдачу.

Ты построил их, и они снова исчезают. Опять в тебе поднимается эго, и ты снова должен начинать сначала.

Тебе дают работу маленькими порциями: ты не должен сразу исправлять всю свою жизнь, все линии связи, весь свой прежний эгоизм, с помощью которого ты хотел при любой возможности использовать для себя весь мир. Ты постепенно исправляешь их на отдачу и постепенно начинаешь чувствовать свое единство с Творцом, который действует изнутри. По мере того, как ты влияешь на этот мир, отдавая ему, ты присоединяешь весь мир к себе. И во всем этом течении действует Творец. И получается, что ты, мир и Творец едины.

И. Винокур: Есть в духовном такое понятие, как власть над Творцом?

М. Лайтман: Власть над Творцом выражается в том, что ты даешь ему возможность управлять этой системой.

И. Винокур: Я не понял. Я управляю Творцом тем, что даю Ему…

М. Лайтман: Возможность управлять.

Если у тебя есть силы управлять этими линиями связи, ты открываешь их для Его управления. Тебе не надо ничего больше. Тебе надо, чтобы Он говорил изнутри тебя, ведь кроме этого у тебя ничего нет.

Власть человека над Творцом в том, что именно человек предоставляет Творцу возможность наполнить наслаждением обнаруженные и открытые им линии связи между ним самим и другими людьми, и тогда эта Высшая сила существует внутри всего, как связь между этим человеком и всеми другими душами, всем миром.

И. Винокур: В завершение нашей беседы о власти подскажите мне, если я хочу приблизиться ко всем этим прекрасным и возвышенным вещам, о которых Вы говорите, каким должен быть мой первый шаг?

М. Лайтман: Это приходит благодаря правильному изучению каббалы, но мы не знаем, как именно. Приходит некая сила свыше или изнутри и воздействует на человека, который стремится правильно соединиться с группой, с товарищами, со всем миром, желая отдавать им, раскрыть им этот бесконечный поток света, любви и отдачи, пока он не начинает ощущать внутри себя, в чувстве и в разуме, что эта система действительно работает. И, на самом деле, это «чудо выхода из Египта», но это происходит.

Мы должны пройти все стадии, о которых нам говорят каббалисты. И я видел на себе и на примере моих учеников, что это работает, что все этапы, которые нам представляют каббалисты в этом учении, осуществляются. Я не видел, чтобы этого можно было достичь иным способом. Природа наша, мир наш, – надо только раскрыть, насколько сейчас мы находимся во власти зла, и постараться захотеть, чтобы нами управляло добро.

 НО КАК ЭТО СДЕЛАТЬ – ПРАВИЛЬНО СОЕДИНИТЬСЯ С ТОВАРИЩАМИ? И ЧТО ЭТО ЗА ГРУППА?

Свобода выбора

Беседа седьмая,
в которой мы знакомимся с взглядом каббалиста
на вопрос свободы выбора человека
и некоторое время пребываем в шоке оттого, что,
в соответствии с наукой каббала,
никого из нас, если подойти к вопросу предельно
честно и откровенно, нет.
Вернее, пока еще нет.
Каждый из нас полон внутреннего протеста
и негодования из-за того,
что его сравнили с довольно сложной
компьютерной программой,
фактически с роботом или куклой.
В завершение беседы мы, наконец-то, немного
знакомимся с понятием «группа каббалистов»,
тем самым правильным окружением, в котором
может развиться настоящее «я» каждого из нас.
Но детали того, как выполнить каббалистическую
«перезагрузку» своей программы
и перейти на следующий уровень,
пока что нам не ясны.

СОБЕСЕДНИК НИВ НАВОН

Н. Навон: Сегодня я хочу поговорить о выборе: существует ли точка выбора в жизни человека, в чем она выражается, не упускает ли человек свой выбор? А главный вопрос такой: как в каждое мгновение делать правильный выбор, чтобы быть удовлетворенным в жизни?

Я ДУМАЮ, ЧТО СВОБОДЕН

М. Лайтман: Это проблема. Если спросить человека, то он не скажет, что чувствует себя зависимым от кого-то или кем-то ведомым. Он думает, что свободен. И это присуще не только ребенку, за которым все время следит мама, но и взрослому человеку. Даже люди, заключенные в тюрьму, не чувствуют, что лишены выбора. Выбор – это особое явление. Поэтому вначале человек должен узнать, что такое свобода, как он может возвыситься, подняться над внешней помехой, мнением окружения, и только затем совершить выбор. Это достаточно трудно.

Н. Навон: В детстве и юношестве я часто думал о том, как делать выбор правильно. Ведь нам приходится выбирать постоянно, начиная с того, где пообедать, и заканчивая решением жениться. Каждый раз человек видит различные возможности, а потому сомневается в принятии решения. Как же поступать? Есть ли здесь вообще выбор?

М. Лайтман: Нет. Исследования в биологии, психологии и других областях, связанных с поведением человека, свидетельствуют об одном.

 У человека, существующего в этом мире, нет свободы. Он связан своими эгоистическими желаниями, и в нем пылает эгоизм, который постоянно толкает его на определенные поступки. А человек всего лишь делает расчет, что ему больше, а что меньше выгодно, как максимально выиграть при наименьшей потере, максимально получить при минимальной затрате.

Н. Навон: Разве это плохо?

М. Лайтман: Это не плохо, но это говорит о том, что в нас есть внутренняя программа, суть которой – максимальное получение при минимальном усилии.

Н. Навон: Кто приводит в действие эту программу? Я?

М. Лайтман: Нет! Эта программа приводится в действие через свойства, с которыми я родился, полученное воспитание и воздействие общества, в котором я живу.

Общество прививает мне свои ценности, а потому я, родившись и повзрослев, наполнен различными данными, которые на самом деле не мои. Моя природа обрабатывает эти данные так, чтобы максимально выиграть, приложив минимальное усилие. Существующая во мне программа называется природой этого мира, а данные для этой программы я получил от рождения, воспитания и нынешнего окружения. Следовательно, я просто выполняю команды!

Н. Навон: Но я не воспринимаю так действительность!

Я – КУКЛА? КОМПЬЮТЕРНАЯ ПРОГРАММА?

М. Лайтман: Верно, не воспринимаешь, потому что этого не знаешь. На самом деле ты находишься в такой действительности, но в бессознательном состоянии. Как пишет Бааль Сулам в статье «Свобода выбора», человек не определяет, как он одевается, говорит, ведет себя, что выбирает – все это делает окружение. Получается, что у человека нет свободы. Если его это положение не волнует, если он считает его приемлемым, не чувствуя неудобств, то так и живет. Но есть люди, которые начинают об этом задумываться, желая реализовать свою свободу и быть на самом деле свободными от условий, в которые их поместила природа.

Н. Навон: Они чувствуют отсутствие свободы?

М. Лайтман: Да, они это чувствуют и начинают спрашивать о смысле жизни: я не выбирал жизнь, не выбирал свой путь, не знаю, к какой цели природа меня ведет, но я хочу знать, где нахожусь и куда направляюсь. Когда человек об этом задумывается, то видит, что у него действительно есть здесь проблема.

Н. Навон: Я понимаю взгляд биологов, которые исследуют ДНК и воздействие окружения на человека. Они видят человека как некий механизм, выполняющий действия. А как видите его Вы с точки зрения каббалиста?

М. Лайтман: Точно так же: я вижу перед собой биологическую машину, которая реализует находящиеся в ней данные, духовные гены, называемые в каббале решимот. Человек их реализует неким образом, так он устроен, и в этом вообще нет его участия.

Н. Навон: И все-таки Вы пользуетесь более сложными определениями: решимот, духовные гены...

М. Лайтман: В нашей внутренней программе находятся решимот, наполняющие ее внутренние данные. Программа их обрабатывает, в результате чего человек продвигается.

Н. Навон: Как это выглядит?

М. Лайтман: Как программа в компьютере: есть некая формула, и когда в программу вводятся различные данные, которые каждый раз в тебе проявляются, ты их выполняешь, – и это представляется тебе жизнью. На самом деле мы этого не чувствуем, поскольку пребываем в одной природе, эгоистической.

Это значит, что для обработки этой программы у нас есть, как я уже сказал, только одна формула: максимальное получение при минимальных затратах.

Если я хочу быть выше этого, то должен подняться над программой, сделать «upgrade».

 Я могу ввести в себя другую программу, и именно это нам позволяет сделать наука каббала. С ее помощью мы можем подняться на следующий уровень: максимум отдачи, или «возлюби ближнего, как самого себя».

ПЕРЕЗАГРУЗКА, ИЛИ КАК УЗНАТЬ, ЧТО ТАКОЕ СВОБОДА

Н. Навон: И чем этот уровень лучше?

М. Лайтман: Он лучше уже тем, что я избавляюсь от власти природы над собой.

Н. Навон: Но ведь Вы переходите в другую природу?

М. Лайтман: Верно, я перехожу в другую природу, но там я властвую. Это первое. Второе, я выхожу из рамок, в которых постоянно забочусь о себе таким образом, что жизнь видится мне ограниченной. Поднимаясь на, так называемый, уровень «возлюби ближнего, как самого себя», к программе отдачи ближнему, я начинаю ощущать его, а не себя. И тогда моя цель – наполнить его, а не себя. Наполнить его – означает дать максимум при минимальном вкладе, это остается. Минимальный вклад остается как оптимизация программы: минимум вклада при максимуме отдачи. Это значит, что я использую свой природный эгоизм, и он, работая на меня, называется «минимум вклада». Я его сохраняю, он для этого хорош, но при максимальной отдаче.

Н. Навон: Это представляется очень сложной работой.

М. Лайтман: Да, это не просто, но тем самым я не просто проживаю жизнь, ограниченную 70-ю годами и внутренним ощущением, в котором никогда не могу себя наполнить. Ведь каждый раз, когда я получаю некое наполнение, я тут же опустошаюсь. Скажем, я пью, жажда проходит, и я не чувствую наслаждения.

 Когда я начинаю наполнять других, то уподобляюсь матери, дающей своему ребенку: чем больше она дает, тем больше, благодаря любви к нему, чувствует себя наполненной. Через меня проходит поток жизни, бесконечный по величине и неограниченный во времени, потому что отдавать можно бесконечно и непрерывно.

Если так, то я поднимаюсь над временем, движением и пространством. Когда я плыву в этом потоке, действуя относительно человечества в соответствии с новой программой, то чувствую себя в вечной и совершенной жизни. Это ощущение мне дает новая программа. Но необходимо сказать, что наша материя – желание получать наслаждения – остается. Мы только меняем программу ее действия. Поэтому не думайте, что происходит нечто кардинальное, некое полное превращение. Мы не переходим в антимир, в антиматерию. Мы всего лишь меняем программу расчета нашей жизни: или ради себя, или ради ближнего.

Н. Навон: Материя остается – программу меняем?

М. Лайтман: Совершенно верно. И это изменение в программе называется «возлюби ближнего, как самого себя». Таково обновление, которое ты должен сделать. И тогда ты достигаешь совершенно иного восприятия мира, жизни и реальности.

Н. Навон: Как это связано с нашей сегодняшней темой – свободой выбора?

М. Лайтман: Когда ты начинаешь подниматься над нынешней программой, то между старой и новой программой обладаешь свободой выбора.

Н. Навон: Именно между ними?

М. Лайтман: Да, между одним и другим.

Н. Навон: Что это за пространство?

ТОЧКА ВЫБОРА

М. Лайтман: В каббале это пространство называется средней третью сферы тифэрэт. Это некий блок, в котором ты каждый раз находишься при смене эгоистической программы на альтруистическую, отдачу ближнему. С каждым разом ты делаешь новую программу более совершенной. В процессе переустановки программы ты поднимаешься по 125 ступеням, пока она не охватит весь твой эгоизм. Это означает, что ты теперь действуешь исключительно в пользу ближнего: любишь его, как себя. То есть, как ты любил себя согласно предыдущей программе, так сейчас относишься к другим людям.

После того как ты сделал это изменение, установил новую программу поверх своего «Я» – поверх всех своих желаний и мыслей, что называется разумом и сердцем, – твое состояние называется «Концом исправления». И тогда ты поднимаешься еще на одну ступень, которая называется «миром Бесконечности». О ней мы не говорим: это уровень, который мы сегодня не способны почувствовать и даже себе представить. Наше воображение, наша фантазия так далеко не работает. Но каббалисты рассказывают, что это состояние выше всех расчетов и потребностей.

Н. Навон: Я хотел бы подробнее становится на точке выбора. Как я ее чувствую? Мне часто приходится в жизни делать выбор. И что, каждый раз я должен почувствовать блок, о котором Вы говорили, помогающий мне подняться к новой программе?

М. Лайтман: Прежде всего, ты начинаешь спрашивать, ведь к науке каббала приходят не все, а только те люди, которые задумываются о смысле жизни. Это означает, что ты спрашиваешь о программе, согласно которой живешь. Возможно, ты этого не осознаешь, но спрашиваешь: почему я живу таким образом, почему жизнь такова, что я не властвую над своей судьбой? Я не знаю, что меня ждет впереди, и такая жизнь меня сковывает, удручает, сжимает. Я хочу освободиться. Так бывает с компьютером: ты чувствуешь, что данная программа тебя не удовлетворяет.

Н. Навон: Компьютер «не тянет»?

М. Лайтман: Верно.

Н. Навон: Это уже признак, что необходимо что-то делать?

М. Лайтман: Да. Необходимо его сменить, как ты приобретаешь более мощную машину, если видишь, что больше не можешь ездить на устаревшей модели.

Н. Навон: А кто продает новую программу, и где ее можно приобрести?

М. Лайтман: Люди, которые задумываются о смысле своего существования, ищут возможность увидеть другую жизнь. Они чувствуют, что она есть, только скрыта. В результате поиска они приходят в подходящее место, в конечном счете, они его находят.

Н. Навон: И что тогда?

М. Лайтман: Они приходят в новое окружение, буквально, приземляются в особом месте. Это происходит после многих заблуждений, сомнений и поисков в различных направлениях. В конце концов, человек вдруг чувствует: я нашел место, где говорят правду, серьезно, по делу и точно отвечая на мой вопрос.

Н. Навон: Выходит, есть еще один этап. Помимо сигналов программы о том, что я начинаю продвигаться к точке выбора, я должен прийти в некое новое окружение, – и тогда происходит некий щелчок. Это и есть точка выбора?

М. Лайтман: Нет. Ведь до сих пор человека вели. Написано: «Творец кладет руку человека на добрую судьбу и говорит: «Возьми!»» Следовательно, человек лишь пришел к доброй судьбе. Творец как бы подталкивает его продолжить в этом направлении, но это не выбор человека, его привели. Скажем, человек приходит к нам в группу, которая обучает тому, как быть свободным.

Н. Навон: Это может быть читатель этой книги?

ГРУППА ЕДИНОМЫШЛЕННИКОВ

М. Лайтман: Да. Достаточно, что он связывается с нами через книги. Если он делает это постоянно, то чувствует себя в окружении, с помощью которого начинает развиваться и подниматься над обычной жизнью. Он продолжает эту обычную жизнь, не отключается от нее, но вместе с тем неожиданно замечает, что можно произвести такие изменения, о которых прежде вообще не думал.

 Любой человек может сменить свою старую внутреннюю программу развития на новую, но только при условии, что вводит себя в соответствующее окружение. В статье «Свобода выбора» Бааль Сулам пишет, что у человека есть только это действие: сменить одно окружение на другое.

От нового окружения он получает ценности духовного развития: «возлюби ближнего, как самого себя», отдача, выход из себя, из своего эгоизма, у которого он находится в рабстве. Собственно, в этом-то и состоит смысл описанного в Торе египетского рабства и выход из него: «быть свободным народом в своей стране», то есть в своих желаниях. Все эти ценности, силы и понимание, как действовать, человек получает от нового окружения.

Н. Навон: Вы сказали, что Творец приводит человека к хорошей судьбе и говорит: «Возьми». Очевидно, здесь есть выбор, ведь он может не захотеть взять. У него была возможность, но он не хочет ею воспользоваться. Он должен включиться в окружение, чтобы продолжить развитие?

М. Лайтман: Правильно. Именно здесь начинается выбор.

Н. Навон: В чем именно?

М. Лайтман: В том, чтобы укрепить связь с окружением, быть готовым в него влиться. Так происходит в любом месте. Если ты входишь в новую среду, то должен в нее внедриться, связаться со всеми, чтобы тебя приняли, чтобы ты чувствовал себя там комфортно, то есть происходит некое взаимное сближение, компромиссы.

Н. Навон: Какие компромиссы могут быть с телевидением? Я смотрю время от времени…

М. Лайтман: Нет-нет, вопрос не в том, смотришь ли ты телевидение или находишься среди людей, а в том, что ты должен прислушаться и принять их мнение или не принять, усвоить данные или нет. Это не просто.

Н. Навон: Это и есть выбор?

М. Лайтман: Выбор начинается после этого.

Н. Навон: Еще позже?

М. Лайтман: Когда ты включаешься в общество, то начинаешь, подобно зерну в почве, использовать его. Ты просишь, чтобы тебе дали различные минералы, влажность, тепло, воздух. Так земля обеспечивает зерно, чтобы из него вырос колос. Это называется включением в общество. Весь этот процесс Бааль Сулам подробно объясняет в статье «Свобода воли» – настоятельно рекомендую!

Н. Навон: Как процесс, в котором мне раскрывается свобода выбора, влияет на мои ежедневные поступки? Ведь мне все равно приходится принимать решения относительно работы, женитьбы, квартиры.

М. Лайтман: Если окружение говорит о духовном развитии человека, то оно не требует от него никаких изменений. Не важно, светский он или религиозный, мужчина или женщина, молодой или старый, – он может оставаться в привычных рамках поведения, на своей работе и так далее. Здесь нет никаких законов, кроме того, что он должен развить в себе нечто новое, не относящееся к этому миру, к физической жизни. В дополнение к тому, что есть здесь, он должен развить в себе восприятие духовной реальности, которая сейчас скрыта. Поэтому вся его обычная жизнь остается такой, как была.

Н. Навон: Он относится к ней иначе?

М. Лайтман: Он продолжает относиться к ней, как обычно. Он должен лишь изучить материал, относящийся к своей духовной части, которой прежде вообще не занимался. Он должен эту часть развить согласно правилу «возлюби ближнего, как самого себя», изменить отношение к окружающим. А в своей земной жизни он ведет себя так, как и раньше: нет никакой обязанности что-то изменять, нет насилия в духовном.

Н. Навон: А как увеличить частоту мгновений, в которых у человека существует выбор?

М. Лайтман: Это можно сделать за счет просмотра передач каббалистического Интернет-канала, чтения книг, присутствия на лекциях и так далее.

Благодаря соприкосновению с наукой каббала человек начинает обрабатывать свои внутренние данные, и его, так называемый, духовный ген развивается с помощью учителя, книг и группы. Так объясняют каббалисты, и мы можем прочитать об этом во многих книгах. О развитии духовной составляющей человека писали РАМБАМ, АРИ и другие. Эта область скрыта, пока человек не начинает спрашивать, для чего он живет, каков смысл его жизни.

Н. Навон: Когда мы почувствуем точку выбора, коснемся ее, сможем ли мы это определить? Поймем ли, что вот сейчас находимся в той критической точке, где есть выбор?

М. Лайтман: Нет. Ведь человек не знает, как он развивается.

Разве ребенок осознает свое развитие? Природа его толкает, и он заглядывает в каждый угол. Затем ему предлагают игры, с помощью которых он учится, не зная, что за счет этого развивается. И только когда он идет в школу, то его начинают обязывать, а это, как раз, и неверно. Упражнения и задачи, решаемые в школе, тоже должны быть в виде игры. Все обучение должно проходить в игровой форме.

Ведь, что такое игра? Я представляю себе следующее, лучшее, более светлое состояние, хочу его достичь и воображаю, будто уже нахожусь в нем. Так действует ребенок: желая быть большим, он пытается выполнять различные действия, которые видит у взрослых, и за счет этого растет. Причем, это происходит не по принуждению, а по любви, через воодушевление и подъем.

 Наука каббала говорит, что, в отношении человека не должно быть давления или ограничений, – только свобода.

Как маленький ребенок, так и взрослый человек, взращивая свою внутреннюю часть, должен продвигаться с удовольствием.

Н. Навон: Как же быть каждое мгновение в точке выбора?

М. Лайтман: Только с помощью окружения: открой еще одну книгу, посмотри еще одну программу, приди на лекцию или свяжись с нами другим образом.

Н. Навон: Что тогда со мной происходит?

М. Лайтман: Ты вызываешь на себя новое духовное воздействие общества. Духовным общество является только потому, что его цель – любовь к ближнему. Это оказывает на тебя влияние и поднимает над тем, что у тебя есть сейчас.

Н. Навон: Какие средства у меня есть в точке выбора, чтобы сделать правильный выбор?

М. Лайтман: Книги и группа, то есть среда. Ведь книги – это тоже среда. Все вместе: учитель-инструктор, книги, группа, видео и аудиоматериалы, музыка и песни – все это называется средой, которая воздействует на тебя снаружи.

Н. Навон: Но я располагаю этим ограниченное время, а хочу в каждое мгновение реализовывать выбор.

М. Лайтман: Этого достаточно. Если ты получаешь такое вливание несколько часов в день, то этого достаточно.

Н. Навон: Что это значит?

М. Лайтман: Если человек занимается час-два в день, смотрит в свободное время нашу программу по Интернету, читает во время езды в транспорте или в рабочий перерыв статью из первоисточников, то этого достаточно. Это очень большая сила, которая его развивает. Он должен быть и в этом мире, со всем, что в нем есть, и в материале, говорящем о второй части реальности, ее духовной области. Соединив их гармонично вместе, человек развивается.

Н. Навон: Можно ли упустить мгновение выбора?

СКОЛЬКО ПОТРЕБУЕТСЯ НЕРВОВ?

М. Лайтман: Нет, это невозможно. В конце концов, человека приведут и обяжут это сделать. Мы не можем от этого шага увернуться. Вопрос только в том, сколько потребуется страданий, нервов, ударов. Сейчас, как мы видим, перед человечеством раскрывается возможность выбора. Чувствуя угрозу в окружающем мире, человек начинает спрашивать, зачем он живет, в чем смысл его жизни и так далее. Это подходящий момент для выбора. Одновременно ему дается Интернет, телевидение, книги, газеты. Тот, кто более чувствителен, не упускает эту возможность, а кто менее – того развивают с помощью дополнительных уколов.

Н. Навон: Все-таки у человека должна быть некая чувствительность, тонкость, склонность к этим поискам?

М. Лайтман: Мы достигли нынешнего состояния в результате длительного развития в течение предыдущих кругооборотов. Кто-то уже готов к выбору, кто-то еще не готов. Мы ни на кого не оказываем давление. Даже если человек приходит и, проверив этот путь, решает, что он ему не подходит, то он свободен. Очевидно, он должен получить еще несколько стимулов, уколов, пока не отнесется к вопросу о смысле жизни настолько серьезно, что от отсутствия другого выхода увидит общую реальность и поймет, что обязан познать ее, чтобы ответить на этот вопрос.

Н. Навон: В заключение, какой совет можно дать человеку, который хочет максимально реализовать выбор, чтобы в конце жизни быть уверенным в том, что сделал все возможное?

М. Лайтман:

Согласно статье Бааль Сулама и всему, что писали каббалисты до него, успех человека зависит только и исключительно от связи с правильным окружением. Мы взаимно объединяемся «как один человек с одним сердцем» в так называемом поручительстве и достигаем уровня «Возлюби ближнего, как самого себя». Если человек включается в такое общество, то тем самым достигает цели своей жизни.

!

Уверенность

Беседа восьмая,
в которой мы,
испытывая некоторый внутренний
дискомфорт после предыдущей беседы,
обращаемся к теме уверенности.
Мы немного больше узнаем о том,
что такое «группа каббалистов»,
которая сравнивается здесь
с совершенной мини-моделью человечества.

СОБЕСЕДНИК НИВ НАВОН

Н. Навон: Здравствуйте, рав Лайтман! Сегодня в рамках программы «Ступени возвышения» мне хочется поговорить об уверенности. Я хотел бы спросить: откуда человек получает это чувство?

М. Лайтман: Общее управление воздействует на нас таким образом, что обязывает продвигаться к Цели творения. В наше время мы видим, что идем в этом направлении крупными шагами. Каждый день приносит новости, каждый год все меняется, и нынешнее поколение отличается от предыдущего, как техническим развитием и подходом к жизни, так и восприятием мира. Это говорит о том, что мы должны быть чувствительнее к тому, чего от нас хочет природа, Творец, ведь мы существуем внутри природы.

Как говорят каббалисты, наступила новая эпоха, и мы относимся к поколению, которое должно раскрыть духовное измерение, соединить два мира. К этому нас обязывает и подталкивает наша жизнь, ведь пока что мы чувствуем лишь нижнюю половину реальности – высшая ее половина от нас скрыта. Поскольку мы запаздываем в своем развитии и не приходим к пониманию истинной жизни, то это запаздывание вызывает удары, которые оказывают на нас давление и толкают вперед.

Иногда нам кажется, что ситуация вдруг улучшилась: нет кризисов, нет террористических актов – можно успокоиться. Но мы не понимаем, что развитие продолжается. В этом течении есть направляющая рука, а потому мы не можем сойти с дороги. Каждый день, которому мы позволяем пройти бесцельно, где-то фиксируется, а счет постепенно скапливается в удар. Если бы люди это учли, то смогли бы управлять своим развитием. Наука каббала объясняет, как это сделать.

Тогда мы почувствовали бы себя уверенно, ведь каждое мгновение и каждый этап я буду определять сам. Именно этого от нас хочет Творец, Высшая сила, чтобы мы вышли на уровень «Человек», управляли своей жизнью и определяли свой сегодняшний и завтрашний день. Тогда я буду знать, что должно со мной случиться в следующее мгновение, потому что, в сущности, сам его строю.

Н. Навон: Каким же образом?

М. Лайтман: Человек почувствует настоящую уверенность, только если откроет для себя скрытую реальность.

Тогда мы будем знать, что именно нас ждет, в чем мы не правы, как нам себя исправить.

Наш мир – тот, который мы видим и в котором живем, – это лишь половина реальности. Поэтому мы не знаем, что произойдет в следующую секунду. Да, я не знаю, что со мной будет через мгновение, и каждое мгновение для меня – неизвестность.

 Истинная уверенность у человека будет только тогда, когда он сможет управлять каждым следующим мгновением своей жизни.

Когда я защищаюсь со всех сторон и от всего подряд – это не уверенность, а страх: лучше смерть, чем такая жизнь! Что это за жизнь?! Поэтому, с одной стороны, наука каббала нам объясняет, что получаемые нами удары, в действительности, должны вернуть нас к правильному расчету. Мы должны раскрыть все течение, весь процесс своей жизни: от того, как я живу сейчас, до того, как должен завершить свою функцию. С другой стороны, я должен знать, как управлять каждым мгновением. Если не раскроем глаза, то всегда будем напоминать трусливого зайца, который сидит в углу и всего боится.

Н. Навон: И все-таки непонятно, как эти состояния продвигают нас к добру?

М. Лайтман: У нас просто нет выбора! В конечном счете, такие состояния заставят нас узнать, как нам управлять этой жизнью. Посмотри, что происходит в мире!? Мир тоже не знает, куда двигаться, не понимает, что ему несет грядущий день. И люди боятся: боятся потерять сбережения, заболеть, боятся мировой войны – всего. С одной стороны, человек в нашем мире становится якобы прогрессивнее, он больше понимает и ощущает. С другой стороны, он намного больше зависит от всевозможных случайностей, от неизвестного. Будем надеяться, что, в конце концов, нас услышат. В последнее время мир вошел в очень серьезный глобальный кризис. Вместе со всеми частными проблемами и случайностями это должно обязать нас все-таки научиться управлять своей жизнью.

Н. Навон: Отсутствие уверенности тоже характерно для этого кризиса? Ведь люди находятся в страхе, и даже самые простые вещи, которые должны были бы давать мне максимум уверенности – моя пенсия, моя работа, – даже они подвергаются сомнению.

М. Лайтман: Да. Потихоньку мы приближаемся к такому состоянию, когда с минуты на минуту не будем знать, как завершится это мгновение и как оно перейдет в следующее.

Н. Навон: Это же тотальное отсутствие уверенности?!

КОГДА РАСКРЫВАЮТСЯ НЕБЕСА

М. Лайтман: Верно. И поскольку другого выхода нет, то это обяжет тебя взять в свои руки весь процесс. Мы вполне на это способны.

Наука каббала объясняет, как раскрыть скрытую от нас реальность в полном объеме.

Тогда ты чувствуешь, что находишься в этом процессе, знаешь настоящее и будущее. Ты узнаешь, почему с тобой в прошлом происходили те или иные вещи, как управлять своим путем, видишь прекрасную цель, которая находится перед тобой. Это значит, что ты не просто просуществуешь сколько-то лет, а потом исчезнешь неизвестно зачем и куда, – ты ощущаешь природу в ее бесконечном течении. То есть это не только уверенность в том, что ты не боишься следующего мгновения, – тебе открываются небеса и рассказывают обо всей реальности.

Конечно же, я был бы рад, если бы люди уже сегодня пробуждались от страха и решали проблему уверенности. В науке каббала есть много статей, в которых объясняется, что чувство уверенности приходит к нам из Высшего свечения. Когда человек открывает для себя духовный мир, то начинает видеть силы, которые своим воздействием приводят его в движение и управляют им. Тогда он начинает понимать, каким образом может взаимодействовать с ними и вместе управлять своим будущим в соответствии с той прекрасной перспективой, которую он наблюдает. Он понимает, в какую сторону должен продвигаться, как определить, что является добром, к чему действительно стоит обратиться. Иначе мы, как побитые звери, каждый раз бежим с поля битвы за свое существование туда, где, как нам кажется, будет лучше. И каждый раз мы бежим в новом направлении. Не так подобает жить человеку. Я надеюсь, что мы все-таки придем к решению.

ЖИТЬ В ДВУХ МИРАХ

Н. Навон: Если посмотреть на этот вопрос в несколько ином аспекте, то стоит отметить, что общество выполняет очень важную роль в формировании чувства уверенности. Расскажу Вам историю: на этой неделе моей дочери – ей год и 9 месяцев – понадобилось сделать операцию. Я с женой и дочкой пошел в больницу. Там мы переоделись в больничную одежду, дочери дали снотворное, и она отправилась на операцию, которая длилась около 2-х часов. Я сидел с женой в комнате ожидания, и вдруг осознал, что не имею в точности представления ни о том, что делают моей дочери, ни о том, кто это делает. Но вместе с тем я со спокойным сердцем и в полной уверенности доверял самое дорогое, что у меня есть, свою дочку, людям, которых не знаю. Само по себе это звучит не вполне логично, но каким-то образом я был уверен, что ей все сделают самым лучшим образом. И это поразило меня: откуда такая уверенность?

М. Лайтман: Все верно. Это коллективный договор. Так на нас влияет общество. Кроме того, так принято во всем мире, и у нас нет выбора, нам не на кого положиться.

Вот ты и ведешь свою дочь в хорошее место, туда, где, как тебе кажется, надежно. И это правильно. Недаром сказано: «Дано врачу право лечить». Это с одной стороны. С другой стороны, мы также должны понимать, что необходимо выбирать способ нашего продвижения в мире и тех, кому мы доверяем.

И в нашем духовном развитии существуют источники, доверившись которым мы достигнем правильного исправления и будем здоровы как телом, так и душой. В конечном счете, мы живем в этом мире для того, чтобы поднять нашу душу к ее корню и продолжить эту жизнь так, чтобы между ней и духовной жизнью, которую мы продолжаем после смерти тела, не было никакого перерыва или «смертельного случая». Пусть человек почувствует себя живущим в двух мирах, в бесконечном течении.

Я спрашивал об этом своего Учителя – РАБАШа. И он сказал, что это все равно, как сменить рубашку: ты приходишь вечером домой, кидаешь ее в стирку, чтобы завтра надеть свежую. Так же нужно ощущать переход из тела в тело, не более того. Надеюсь, что мы придем к такому состоянию, когда это будет казаться нам правильным и правдивым. И тогда мы не будем бояться смерти. Ведь в конечном счете, когда человек боится умереть, он боится того неизвестного, что с ним случится.

Если мы раскроем себе всю реальность и то, как мы течем в ней в бесконечном потоке вместе с природой, то с этого самого момента и далее все маленькие проблемы не исчезнут, но мы будем знать, как их разрешить в соответствии с нашей вечной жизнью. Поэтому полное раскрытие реальности каждым человеком является обязательным условием того, что каждый из нас будет существовать как Человек вечный, совершенный, стоящий в центре реальности, не боящийся, знающий, как он продвигается, как управляет своей жизнью.

Именно поэтому наука каббала так важна для нашего поколения. Ведь по своему определению каббала – это раскрытие Высшего мира, Творца, Высшей силы творению, которое находится в этом мире. Это значит, что мне предстоит раскрыть происходящее с нами за этими «стенами», после жизни здесь. И когда я соединю настоящее и будущее воедино, когда свяжу свою реальность со всем, что происходит вовне, тогда я буду счастлив. Я смогу быть счастливым в этом мире, в этой материальной реальности и после нее, потому что мне раскроется все.

ВНУТРИ ВЫСШЕЙ СИЛЫ

Н. Навон: Во время посещения больницы у меня возникло еще одно ощущение: чувство уверенности в том, что происходящее сейчас со мной не случайно, имеет свою причину и направлено к некой цели. Такое чувство испытывают многие из моих товарищей, оно сопровождает нас во всех поступках. Что это за чувство?

М. Лайтман: С вами это происходит потому, что вы уже несколько лет изучаете науку каббала. Поэтому та реальность, которую вы чувствуете, которая перед вами раскрывается – это истинная реальность. Она связана с реальностью, которую воспринимают все люди через пять телесных органов чувств, но вы добавляете к ней дополнительные «горизонты». Поэтому ваш мир шире. Естественно, это зависит от степени духовного продвижения человека. Возможно, он еще не видит всех действующих сил, но в целом ощущает течение всей действительности, всей природы, ощущает, что у нее есть начало, конец и причина. Начало и конец существуют только относительно нас, относительно нашего исправления. Это не касается нашего вечного существования. Чувство принадлежности и связи, свечение, поступающее ко всем, изучающим каббалу, придает им уверенность, опору, поддерживает их.

Поэтому, что бы ни случилось с человеком – не важно. Он ощущает себя внутри некой Высшей силы, которая властвует и ведет его. Возможно, в меру своего постижения человек еще не вполне взаимодействует с этой силой и пока что соотносится с ней как «маленький» относительно «взрослого»: он неотделим от «взрослого», готов идти с ним, но еще не самостоятелен в этом процессе. Скорее всего, именно так вы пока себя чувствуете. Но это продвижение уже ощущается через присутствие Высшей силы, а потому появляющаяся уверенность настоящая, а не ложная. Она возникает из связи с Высшей силой, которая управляет нашей жизнью.

Н. Навон: А какова роль группы в этом процессе?

ГРУППА – МИНИ-МОДЕЛЬ ИДЕАЛЬНОГО ЧЕЛОВЕЧЕСТВА

М. Лайтман: Роль группы очень велика. Она влияет на человека подобно тому, как на нашу жизнь влияют средства связи, весь мир и общество в целом. И если мы находимся в духовном окружении, то оно дает нам духовную поддержку. Ведь духовное общество – это не слух о том, что люди с чем-то согласны, в чем-то уверены, и я вслед за ними тоже полагаюсь на то, чего не понимаю и не знаю. Духовное общество дает свет. В группе мы начинаем работать над созданием связей между нами согласно закону «возлюби ближнего, как самого себя». Каббала дает силу соединиться в соответствии с этим законом. Поэтому когда мы начинаем работать в таком обществе, то становимся настолько связанными между собой на уровне душ, что эта связь ведет к духовной уверенности. В такой связи я представляю собой сосуд, место, в котором обнаруживаю Высший свет.

Н. Навон: Каждый может присоединиться к духовному обществу?

М. Лайтман: Мы учим, что когда у человека появляется побуждение раскрыть смысл своей жизни, и он спрашивает о причине и цели жизни, то его приводят к месту, где он может присоединиться к книгам и к группе, которая реализует цель творения. Речь не идет о какой-то закрытой группе или секте. Группа – это мини-модель идеального человечества, связанного воедино «как один человек с одним сердцем».

Н. Навон: Как можно присоединиться к такой группе? Это зависит от места, где я нахожусь?

М. Лайтман: Нет, это зависит от того, насколько человек отдает себя группе и насколько группа заботится об отдаче каждому из своих членов, потому что только объединением мы себя исправляем. Дело в том, что неисправность, «разбиение сосудов», изучаемое нами в науке каббала, произошло из-за разделения единой души на множество душ. Сейчас эти души ощущают себя изолированными и ненавидящими друг друга. «Гора Синай» символизирует эту ненависть между душами. А нам нужно подняться на «гору Синай».

Поднимаясь над нашим эгоизмом, над нашей взаимной ненавистью, мы возвращаемся к тому существованию, когда были объединены вместе. Спуск с духовного уровня состоит в том, что мы упали с уровня братской любви в беспричинную ненависть. Теперь нам необходимо возвратиться от беспричинной ненависти к братской любви. Наука каббала требует, чтобы мы это реализовали, и мы стараемся это сделать в группе.

Сегодня мы живем в эпоху, когда все человечество должно прийти к объединению. Бааль Сулам писал об этом в статьях «Свобода выбора» и, в особенности, «Поручительство». Он объясняет, что мы уже достигли такого состояния, когда все между собой связаны и должны относиться друг к другу соответственно. К этому нас обязывает природа: Творец ожидает от нас объединения, и тогда, в этом объединении, Он раскроется.

Н. Навон: Это ощущение можно пережить в любой момент?

М. Лайтман: Да. Если мы к этому стремимся, то к нам поступает Высшая сила, которая соединяет нас, и она нас примиряет (как сказано: «Творящий мир на небесах установит мир и для нас») и наполняет нас так, что все мы становимся «с одним сердцем». Именно это является условием для раскрытия Творца. И когда мы, несмотря на ненависть, достигаем взаимного поручительства, находясь вокруг «горы Синай», горы нашей ненависти, наступает раскрытие Высшей силы, которая объединяет нас и наполняет Светом.

Н. Навон: Здесь есть некий дополнительный фактор, придающий чувство уверенности?

М. Лайтман: Это именно та единственная сила – «Нет никого, кроме Него», – которая наполняет мир и им управляет. Что может быть больше этого, если ты находишься внутри нее и понимаешь жизнь так, что она всем управляет, и ты вместе с ней? Нет чувства уверенности, совершенства и единения более сильного, чем это.

Н. Навон: И все-таки, в чем заключается различие между уверенностью, которую дает общество, и уверенностью, которую дает Свет? Ведь есть целые статьи, говорящие о том, что уверенность – это «одеяние» на Свет.

ОТ ЕДИНЕНИЯ С ТОВАРИЩАМИ В ГРУППЕ – К ЕДИНЕНИЮ СО ВСЕМ ЧЕЛОВЕЧЕСТВОМ

М. Лайтман: Это основная тема каббалы, поэтому, конечно, об этом написано много статей. Весь материал собран так, чтобы от состояния «точки в сердце», когда человек «просыпается» и начинает задавать вопросы о смысле жизни, привести его через группу и учебу к объединению с товарищами и со всем человечеством. Другими словами, к тому, чтобы реализовать условие поручительства и закон «возлюби ближнего, как самого себя». А затем от «возлюби ближнего, как самого себя» он переходит к этапу «возлюби Творца своего».

Объединение в группе и слияние с Высшей силой – это одно и то же. Когда ты выходишь за пределы себя к другим, поднимаешься над своим эго, над своей личной «горой Синай» – горой ненависти, – то твоему эго не важно, относительно кого ты это делаешь. Главное здесь то, что ты приподнимаешься над своим «Я».

Н. Навон: Как это ощущается?

М. Лайтман: Это ощущается как свобода. В принципе, это называется «быть свободным народом на своей Земле», то есть быть свободным в своем желании: слово эрец (земля) происходит от рацон (желание). Когда ты поднимаешься над своим желанием, то там обнаруживаешь свободу: выйдя из своего эгоизма, ты находишься в «свободной Земле», желании прямо к Творцу. Это значит, что ты полностью нацелен на постижение Творца и на соединение с Ним.

Н. Навон: Мы можем осуществить это прямо сейчас, в короткий промежуток времени?

М. Лайтман: Это зависит только от нашего желания. В духовном нет времени, нет каких-либо заранее определенных сроков или особенных периодов, когда это сделать проще или труднее. В тот момент, когда мы решим, что объединяемся, это произойдет. Я рекомендую вновь перечитать статьи Бааль Сулама «Дарование Торы» и «Поручительство». Он объясняет очень просто, специально для каждого, кто захочет хоть немного почувствовать, к чему мы все движемся. А сегодня мир идет именно к этому, даже если этого еще не знает. Но по его «шагам» мы видим, что скоро он окажется в состоянии такого отсутствия уверенности, что будет вынужден решить эту проблему. И это приведет его к необходимости раскрытия Высшей силы.

Н. Навон: И тогда все материальные проблемы исчезнут?

М. Лайтман:

 Мы вызываем все свои проблемы только тем, что не исправляем себя в каждое мгновение нашей жизни.

Но, в конце концов, приходят такие состояния, что ты просто вынужден их разрешить. Однако не стоит доводить до подобных острых критических ситуаций. Нужно изначально понять, что все они являются, по сути, призывами раскрыть высшую реальность – вторую половину мира и нашей жизни. Давайте ее раскроем и будем существовать в совершенной реальности и в состоянии абсолютной уверенности!

Влияние окружения на человека

Беседа девятая,
в которой мы снова возвращаемся к теме
влияния окружения на человека
и его свободы выбора,
пытаясь все окончательно прояснить.
В результате что-то кажется нам более ясным,
но что-то — еще более запутанным.
Как и прежде, каббалисты утверждают,
что никто из нас, по большому счету,
как Человек с большой буквы,
самостоятельно не существует.
Пока.
Мы узнаем удивительные подробности
существования такого Сверхчеловека в
Единой душе,
где все свободны друг от друга,
потому что друг от друга зависимы.
Мы беседуем о свободе,
облаченной в абсолютную любовь.
Заканчивается беседа, как обычно, вопросом.

СОБЕСЕДНИК НИВ НАВОН

Н. Навон: Сегодняшняя тема – воздействие общества, окружения на человека. Существуют разные взгляды на ту категоричную форму, в которой наука каббала представляет влияние общества на человека, то, насколько он подвержен воздействию окружения. Не сразу человек воспринимает такой взгляд.

Чтобы понять меру этой категоричности, возьмем отрывок из статьи Бааль Сулама «Свобода воли»:

 «Я определенным образом сижу, одеваюсь, говорю, ем – все это не потому, что я хочу так сидеть, одеваться, говорить или есть, а потому что другие хотят, чтобы я сидел, одевался, говорил или ел таким образом. Все это происходит в соответствии с желаниями и вкусами общества, а не по моему свободному желанию. Более того, все это я делаю, подчиняясь большинству, вопреки своему желанию. Ведь мне удобнее вести себя просто, ничем не обременяя себя, но все мои движения скованы железными цепями вкусов и манер других, то есть обществом.»

М. Лайтман: Действительно, то, как я пострижен, одет, как я держусь, веду себя перед камерой – все это я изначально планирую в зависимости от того, что мне диктует общество. Ведь я хочу хорошо выглядеть, хочу, чтобы меня приняли, чтобы я смог передать свой посыл. Расчет всегда производится относительно окружения, хотя мы и не осознаем этого. Я сам ходил бы всю жизнь в пижаме, к которой для удобства пришил бы дополнительные карманы. Это самое удобное. Когда я еду за границу, участвую в каких-то собраниях, форумах, то вынужден надевать пиджаки, галстуки, особенно, когда выступаю с речью. Все это очень сложно.

Н. Навон: Вы тоже ощущаете на себе воздействие окружения?

М. Лайтман: Нет, но у меня есть определенный расчет. Я хочу, чтобы меня восприняли, увидели, услышали, чтобы я смог передать что-то людям. Для этого я должен в определенной мере соответствовать им, знать, чего они хотят, так, чтобы они почувствовали, что стоит меня принять, выслушать. То есть я должен играть по тем же правилам, что и они – и так каждый из нас. Здесь нечего стыдиться: это закон, от которого невозможно убежать. И мы не осознаем, что, даже желая действовать против него, мы принимаем в расчет окружение.

Н. Навон: Почему?

ЕДИНАЯ ДУША
М. Лайтман:

 Мы все происходим из Единой души. Эта душа, а не человек, разделилась на множество душ, каждая из которых выстроила вокруг себя оболочку, называемую нашим телом. Поэтому все мы ощущаем взаимосвязь, взаимозависимость в тех приоритетах, ценностях, которые общество формирует в каждом из нас.

Н. Навон: Я могу понять, как это проявляется, например, в моде, но чтобы это выражалось абсолютно во всем...

М. Лайтман: Все определяется модой. Мнение общества называется модой. Если оно меняется, я также должен измениться. Мода касается не только одежды, но и мыслей, восприятия – абсолютно всего, в каждом поколении.

Н. Навон: Это относится и к мыслям?

М. Лайтман: О! Мысли – это главное. Я не представляю, откуда они берутся. Как пишет Бааль Сулам, я думаю о том, что диктуют мне другие, хочу того, что они вынуждают меня хотеть, то есть во мне нет ничего свободного от влияния общества. Оно полностью властвует надо мной. По сути, все имеющееся во мне оно поддерживает или изменяет. Кто я такой? Я лишь результат воздействия окружения, нечто вроде коробочки, к которой подведено множество нитей, каналов, связей. Без влияния общества эта коробочка, то есть я, неподвижна и приводится в движение лишь под воздействием общества. Нет во мне ничего от самого себя – нет меня!

Н. Навон: Что значит «нет меня»? Как можно с этим согласиться?

М. Лайтман: Это и есть категоричность, с которой каббала представляет влияние окружения, но это именно так. Спроси физиологов, психологов, биологов относительно генов, гормонов, воспитания – все эти факторы воздействуют на человека и определяют человека в нем.

Н. Навон: Скажем, я хочу нравиться обществу, но есть люди, стремящиеся к противоположному.

М. Лайтман: Да, но и противоположность – это также способ принятия во внимание: я хочу представить себя в противоположной форме. Я также принимаю в расчет окружающих, но в соответствии с иной программой: за или против – по сути, это одно и то же.

Н. Навон: Да, но при этом я выбираю быть иным, противоположным.

МНЕ КАЖЕТСЯ, ЧТО ЭТО Я, НО ЭТО НЕ Я

М. Лайтман: Это не твой выбор. В этом вся проблема. Это и называется скрытием: мы скрыты от самих себя, от того, кто мы такие.

Н. Навон: Скрыты от своего внутреннего расчета?

М. Лайтман:

 Мой внутренний расчет очень обманчив: мне кажется, что я – это я. Если бы я понял, что это не я, я бы открыл короткий путь к решению. Что делать, как найти себя? Я отбрасываю те области, в которых нахожусь под влиянием общества, то есть самостоятельно не существую и хочу создать себя как собственно «я», но неожиданно раскрываю, что этого у меня нет: нет у меня ни единой точки, из которой я могу выстроить свое «я».

Н. Навон: Прежде всего, нужно осознать именно это?

М. Лайтман: Нужно осознать, что мы марионетки, приводимые в движение, управляемые с помощью общества, окружения. Под окружением понимается вся природа, а не только общество. Это неживой, растительный, животный уровни, люди, а также Высшая сила – совокупность всех факторов, воздействующих на каждого из нас.

Н. Навон: Как прийти к такому осознанию?

М. Лайтман: Если я хочу понять, кто я такой, почему, откуда, куда, какова цель, для чего я живу, в чем смысл жизни, есть ли цель, находящаяся выше этой земной жизни, то прихожу ко всем этим внутренним выяснениям о самом себе. И они приводят меня к открытию: без сомнения, там, где я ищу самого себя, я не существую, да это и не нужно.

Итак, я не существую, я нахожусь на той ступени, где все люди приводятся в движение окружающим их обществом, – и это значит, что в этой жизни я являюсь просто животным.

Н. Навон: Без всякой способности решать?

М. Лайтман: Да. Так же, как животное приводится в движение с помощью инстинктов, гормонов, различных сил природы, также и я привожусь в движение на своем уровне с помощью сил природы. Я должен прекратить отождествлять себя со своим животным телом и начать искать себя на ином, более высоком уровне, отличном от нынешнего. А в нынешней форме больше не искать ничего. У меня есть руки, ноги, тело, мысли, целиком зависящие от этого тела, но я уже не соотношу себя с животным уровнем, с 70 годами жизни этого тела, с окружением, которое полностью мной управляет, словно стадным животным.

Но если я это действительно выяснил, понял, решил, что на этом уровне у меня нет свободы выбора, нет моего «я», то я оставляю это положение.

Я продолжаю жить, плыть по течению жизни, но при этом начинаю искать себя иного, более высокого, находящегося на более высоком уровне.

Быть может, там находится моя вечная реализация, мое свободное «я», уровень, где я могу что-то сделать, моя форма вне границ этого мира, вне воздействия окружения на меня, удерживающего меня будто в наручниках?

Когда человек постоянно задает себе вопрос: «Кто я? Где я?», – он постепенно приходит к иному уровню существования, на котором есть иная жизнь, не имеющая отношения к животному телу.

Животное тело может умереть – мое «я» не имеет к нему абсолютно никакого отношения. Это «я» свободно, принадлежит высшему измерению – назови его духовным измерением – там я хочу найти себя, там я хочу существовать. Какие силы есть там? Как я могу определить там свое место? С чем я могу связаться? Как прийти туда? И тогда все мое внимание, устремление – я весь направлен туда. С этого начинается духовная жизнь человека. С этого начинается человек – до этого он был животным.

Таков путь, таково начало. Сказано: «Человека и животное спасет Творец».

Н. Навон: Как сделать первый шаг к тому, чтобы определить свое «я» в этой новой реальности?

КАК ОПРЕДЕЛИТЬ СВОЕ «Я»?

М. Лайтман: Прежде всего, ощутить отчаяние от того, что в своей материальной жизни ты являешься животным или, говоря более мягко, относишься к животному уровню. Это сказано не в осуждение, но у тебя нет свободы выбора, ты ведешь вынужденное существование, как написано: «Все существуют подобно животным».

Если человек видит, что такова его жизнь, и цель кризиса и всех ударов в том, чтобы помочь нам понять всю низменность нашего состояния, нашей жизни, чтобы появилось в нас стремление подняться на следующий уровень, то нужно сделать некое усилие. Наука каббала разъясняет человеку, где он находится, и как он может подняться выше. В этом ее назначение, для этого она существует. И поэтому она раскрылась в нашем поколении, когда множество людей задают подобные вопросы.

МИР, ГДЕ КАЖДЫЙ СВОБОДЕН ОТ ОСТАЛЬНЫХ, НЕСМОТРЯ НА ТО, ЧТО ЗАВИСИТ ОТ ВСЕХ

Н. Навон: Вы можете рассказать о личном переживании, относящемся к тому уровню, где человек не находится под влиянием окружения? Или и в духовном мире он также находится под каким-то воздействием?

М. Лайтман:

 В духовном мире человек также находится под стопроцентным влиянием со стороны других душ, так как раскрывает, что его душа, его внутренний мир тесно связаны со всеми остальными душами в единую систему: никто не свободен, все зависят друг от друга. И так же, как любой человек находится под абсолютным влиянием всех и каждого, все они вместе и каждый в отдельности находятся под его стопроцентным влиянием, то есть оно взаимное. И выходит, что если все начинают связываться друг с другом на основе любви, то каждый становится свободен от всех остальных, несмотря на то, что зависит от всех. Это парадокс: одно противоречит другому.

Н. Навон: В чем человек зависит от них?

М. Лайтман: Во всем. Если все души представляют собой единую душу, то все связаны, как одно целое во всех мыслях, во всех желаниях. У души имеется желание и мысль, и если все мы связаны, как одно целое, то каждый зависит и определяет свое состояние с помощью состояний других душ. У каждого нет возможности самому определять то или иное состояние. Все определяют, в каком состоянии он находится в каждый момент своего существования.

Н. Навон: Но то же самое происходит на том уровне, с которого мы начали?

УДИВИТЕЛЬНАЯ СВОБОДА, ОБЛАЧЕННАЯ В АБСОЛЮТНУЮ ЛЮБОВЬ

М. Лайтман: Да, но на духовном уровне, раскрывая это воздействие, я раскрываю его в своей любви ко всем, и тогда я готов находиться под всеобщим воздействием. Мне нравится получать от них это воздействие, потому что в своем влиянии на меня, исходящем из любви, они дают мне абсолютную свободу.

 Если другие люди определяют во мне все мои свойства, желания и мысли, они тем самым могут дать мне и свободу, но только в том случае, если она облачена в их любовь ко мне.

И получив от них все это, я также отношусь к ним и определяю в них все в абсолютно вынужденной форме, в любви. И они, несмотря на то, что находятся под моим абсолютным воздействием, ощущают себя полностью свободными от меня, потому что «все преступления покроет любовь».

Я удерживаю другого не тем, что диктую ему все, а тем, что наполняю его всем.

Н. Навон: Значит, мы связаны между собой как в нашем, так и в духовном мире, но все различие в том, что здесь это осуществляется против согласия, а в духовном мире – в соответствии с согласием, здесь – неосознанно, а там – осознанно?

М. Лайтман: В духовном мире это происходит в соответствии с полной свободой. В этом отличие.

Н. Навон: Что такое есть в любви, что она дает нам свободу?

М. Лайтман:

 Если ты знаешь, что моя любовь к тебе абсолютна, – нет ничего иного, кроме любви, – то ты свободен от меня. Ты можешь делать все, что хочешь. Моя любовь к тебе при этом не изменится: она не определяется ничем. Это только любовь! Не важно, нахожусь я рядом или нет, делаю ли что-то для тебя – это не влияет на тебя, не ограничивает тебя, настолько эта любовь неизменна.

Бывает безумная родительская любовь, когда ребенок может делать с родителями, что хочет: он диктует, что родители сделают для него. Но в духовном мире ответом на любовь также является любовь, а не эгоизм. В этом отличие от нашего мира. И выходит, что все абсолютно свободны, несмотря на то, что на 100 процентов определяют для другого все. Об этом и сказано: «все преступления покроет любовь». Любовь, покрывая все, связывает нас между собой абсолютными связями таким образом, что мы с помощью закона «возлюби ближнего, как самого себя» начинаем быть «свободным народом в своей стране». Поднимаясь над своим желанием, мы становимся свободными.

Н. Навон: Давайте снова вернемся на тот уровень, где мы все еще связаны друг с другом…

М. Лайтман: Над ним мы должны выстроить эту систему любви.

Н. Навон: Как я могу использовать эту силу во благо?

М. Лайтман: Выстроить над ней систему любви: «возлюби ближнего, как самого себя». Только таким образом пользоваться ею и не иначе – не стоит распыляться: только так!

Н. Навон: Что это значит? Я ощущаю некое влияние на себя. Как я могу превратить влияние общества на себя, когда я постоянно хочу хорошо выглядеть в его глазах, в закон «возлюби ближнего, как самого себя»?

М. Лайтман: Я понимаю, что это и есть мое животное начало, и я должен таким же оставаться. Это мое тело – это общество. Все в порядке, я не собираюсь устраивать здесь никаких переворотов, но работаю над собой с тем, чтобы подняться над этим уровнем, стараясь оставаться приличным интеллигентным человеком.

Окружающие ничего не подозревают. Я хочу исправить себя до уровня «возлюби ближнего, как самого себя».

Н. Навон: Как я выстраиваю его?

НУЖЕН СВЕТ, ВОЗВРАЩАЮЩИЙ К ИСТОЧНИКУ

М. Лайтман: Без науки каббала ты никогда не сможешь этого сделать. Для этого нужен «свет, возвращающий к Источнику». Сказано: «Я создал злое начало...», – злое начало – это ненависть между нами, – «...и Тору для его исправления», – потому что скрытый в ней свет возвращает к Источнику. Этот свет существует только в науке каббала.

Н. Навон: Что это за элемент, который должен появиться? Почему я просто не могу находиться под воздействием окружения?

М. Лайтман: Ты находишься под воздействием окружающих, но они такие же эгоисты, как и ты.

Н. Навон: В этом вся проблема. Как же можно начать процесс?

М. Лайтман: Не обращай внимания на окружающих. Это твоя внутренняя работа. Ты хочешь подняться на уровень любви к ним. Ты опасаешься, что когда будешь любить их, они используют тебя, как захотят?

Н. Навон: Да, этого я тоже опасаюсь.

М. Лайтман: Это не совсем так, потому что тогда ты увидишь, что им во благо, а что – во вред. В нашем мире родители, испытывающие слепую любовь к своему ребенку, готовы сделать для него все. И они настолько не понимают ситуацию, что даже вредят ему, не осознавая этого. Они дают ему все, и тем самым фактически портят ребенка, и впоследствии он вырастает несчастным.

Но здесь ты, начиная подниматься над уровнем этой жизни на духовный уровень, получаешь высшее восприятие: ты начинаешь видеть, что идет им на пользу, а что во вред. Ты получаешь в этом такие разум и силу, что никогда не сможешь причинить им вред. И когда они приходят к тебе, ты также понимаешь, пришли ли они с добром или со злом, и как предотвратить проявление негативных отношений с их стороны по отношению к тебе, потому что это в ответ также принесет им зло. Твоя любовь действует таким образом: ты не просто защищаешь себя, но также защищаешь их, чтобы они не совершали зла.

Н. Навон: Вы можете привести пример?

М. Лайтман: Духовное скрыто, и потому нет таких примеров. Каббалисты приводят нам примеры в своих книгах.

Н. Навон: В соответствии с этими примерами я могу выстроить отношение к обществу, которое все еще эгоистично?

М. Лайтман: Это не важно.

 Истина в том, что ты увидишь, что все люди кроме тебя, населяющие Земной шар – не эгоисты. Я понимаю, что этой фразой совершенно запутываю тебя! Но ты увидишь, что все они исправлены, любят друг друга. А прежде ты видел их эгоистами, потому что «каждый осуждающий, осуждает в силу своих недостатков». Ты был эгоистом и потому видел их такими.

Н. Навон: Как организовать общество, в котором я начну строить такое отношение к нему?

М. Лайтман: Мы пытаемся выстроить такое общество в нашей организации «Бней Барух», чтобы каждый смог бы прийти и присоединиться к нам, получить поддержку именно в том, чтобы ощутить необходимость любви к ближнему.

Н. Навон: Что нужно сделать, чтобы эта любовь воздействовала на меня?

М. Лайтман: Прийти и присоединиться к нам. Есть статьи, советы каббалистов о том, что нужно делать по отношению к окружению. В статье «Свобода выбора», цитату из которой ты привел, написано, что зерно необходимо поместить в землю, и оно, получив тепло, влагу, минералы, вырастет – без этого ничего не выйдет. Зерно полностью находится под воздействием окружающей среды. Хотя у него есть свои исходные данные, но извлечь их оно способно только под воздействием среды.

Также и нам необходимо подходящее окружение, воздействующее на нас так, чтобы позитивные свойства выходили наружу, а негативные не получали развития. Это и называется формой. Что такое форма? Так же как скульптор создает свое творение, из которого убирает ненужные части и оставляет в нем то, что нужно, так же формируется и человек.

«Сделаем человека» – означает, что нужно развивать в нем положительные качества с помощью воздействия любви, прививая правильные отношения к другим, связи с другими как на материальном, так и на духовном уровне, до тех пор, пока он не начнет ощущать в этом Творца, связь между душами, свою вечную жизнь над телесной материальной жизнью. В этом мы должны оказать ему помощь и поддержку, поэтому мы организуем большую мировую группу, в которой каждый сможет найти место для самореализации.

Н. Навон: Большое спасибо, д-р Лайтман. До встречи.

 ТАК ЧТО ЖЕ ЭТО ТАКОЕ НА САМОМ ДЕЛЕ – «СВЕТ, ВОЗВРАЩАЮЩИЙ К ИСТОЧНИКУ»?

Свет, возвращающий к Источнику

Беседа десятая,
из которой мы узнаем,
где скрывается от нас свет,
возвращающий к Источнику,
и зачем он нам нужен;
о секретных методах изучения тайных
каббалистических книг; о том,
почему желание – главное в каббале;
отчего все каббалисты – словно маленькие дети;
о чудесных свойствах света,
благодаря которым «не умный учится»;
о трех составляющих успеха:
группе, книгах и учителе.

СОБЕСЕДНИК АЛЕКСАНДР КОЗЛОВ

А. Козлов: Наша сегодняшняя тема особенная: свет в науке каббала – свет, кроющийся в каббалистических книгах, называемый также «светом, возвращающим к Источнику». Это очень важное понятие в науке каббала. Оно является ключом к очень многим вещам и причиной того, почему мы многое не можем реализовать. Нет человека, который не хотел бы достичь любви и успеха, но когда он выходит во внешнюю жизнь, то не всегда преуспевает, сталкивается с множеством непредвиденных помех и не понимает, почему не может следовать своему желанию. Человек хочет чего-то достичь, получить наполнение, но, в конечном счете, не способен наполнить свое желание.

Есть те, кто преуспевает, но и у них это не идет гладко. Каббала говорит: причина в том, что желание человека эгоистическое, и ему никогда не удастся достичь того, что он действительно хочет. Как наука каббала может помочь человеку, несмотря на его эгоистическое желание, достичь спокойствия, успеха и любви, которые он ищет?

О ПОЛУЧАЮЩЕЙ И ОТДАЮЩЕЙ ПРИРОДЕ ЧЕЛОВЕКА

М. Лайтман: В науке каббала нет ответа на подобный вопрос. Я скажу иначе: природа нашего мира получающая – впитывание, наполнение себя. Внутри этой природы развиваются неживой, растительный, животный уровни и человек. Различие между ними в величине желания: чем больше желание, тем более эгоистичен его носитель: растение, животное или человек, – чем он более эгоистичен, тем более активен, тем больше должен наполнять себя.

Таким образом мы устроены, так развивались и так действуем. Мы развили культуру, воспитание, науку, всевозможные общественные и семейные системы – и все это внутри нашего эгоизма. И таким образом развиваются поколение за поколением миллионы и миллиарды людей, до тех пор, пока не приходят к концу – концу эгоистического развития.

Эгоизм начинает останавливать себя и показывать, что именно он мешает нам жить. Эгоистическая природа как бы разрушает саму себя. Именно это мы ощущаем сегодня. То же самое сказано о Фараоне: «Фараон приблизил сынов Израиля к Творцу». Желание получать называется «помощью против него»: оно разрушает само себя. Можно привести в пример раковую клетку, пожирающую свое окружение и, тем самым, уничтожающую себя. Она желает все получить, вобрать в себя, но, в конце концов, у нее нет окружения, от которого она могла бы получать.

Поэтому нет решения, как вбирать в себя и преуспевать ни в областях, созданных человечеством, ни в соответствии с наукой каббала. Каббала вообще не говорит о том, как наполнить эго. Она утверждает, что жизнь может быть иной, если человек перестанет вбирать в себя, как делал до сегодняшнего дня и, в результате, совершенно отчаялся и не хочет ничего. Люди пользуются транквилизаторами, наркотиками, пытаются убежать от этой жизни. Каббала говорит: правильно, ты ощущаешь, что больше не способен работать на получение. Но есть вторая сторона медали, другая сторона жизни, природы – не получающая природа, а природа отдающая.

А. Козлов: Где эта природа?

М. Лайтман: Ее нет в нас. Но если мы начнем прежнее желание получать превращать в его противоположность, в отдачу, то придем к иной природе – перевернем свое желание. И тогда придем к иной жизни, настолько иной, что о ней сказано: «Я видел обратный мир». Мы начнем видеть иные вещи, подобно тому, как при одной частоте света мы видим одну картину, а при другой частоте – другую картину, под другим углом, в другом ракурсе. К этому можно прийти, и эгоистическая природа, развиваясь, намеренно подталкивала нас в нашем развитии так, чтобы мы возненавидели ее, увидели в ней причину неудач, невозможности существовать. Эгоизм, по сути, хоронит сам себя.

А. Козлов: Эгоизм властвует в человеке и постоянно мешает ему, даже если человек не понимает этого?

М. Лайтман: Человек не понимает, каким образом он развивается, но со стороны природы сделано так, что наше развитие подобно раковой клетке, развивающейся до тех пор, пока она не начинает пожирать себя, и находится на пороге смерти. И здесь у нас есть возможность подняться над своей природой и превратить ее в свою противоположность. С помощью чего можно это сделать, если я целиком нахожусь в природе желания получать, сам являюсь этой раковой клеткой? Я лишь знаю, что нахожусь в смертельной опасности, и она приближается. Мне дали это понимание. Что делать?

Здесь появляется лекарство, называемое «свет, возвращающий к Источнику» – нечто внешнее, не имеющее отношения к нашему миру, нашей жизни, абсолютно эгоистической. Это особая сила, которой я могу воспользоваться так, чтобы вместо моего желания получать, когда я стремлюсь впитывать, использовать всех ради себя, я как бы переворачиваю себя, выворачиваю, подобно перчатке. И тогда именно там, где я получал больше всего – я отдаю! Благодаря этому я начинаю выздоравливать, видеть мир иным – не в получении, которое хорошо для моего эгоизма, а в отдаче.

А. Козлов: При этом не только я становлюсь противоположным, но и мир становится иным?

«Я ВИДЕЛ ОБРАТНЫЙ МИР»

М. Лайтман: Мой мир совершенно меняется. Прежде я различал лишь то, что хорошо или плохо относительно моего эгоизма – теперь я различаю вторую половину: что на пользу отдаче, а что ей во вред.

А. Козлов: Есть опасение, что человек изменится к лучшему, а мир вокруг него останется плохим.

М. Лайтман: Нет! Абсолютно все изменится. Я изменяюсь сам, и в соответствии со сказанным: «Я видел обратный мир», – я вижу его противоположность».

А. Козлов: Те, кто находятся вокруг меня, также начинают отдавать?

М. Лайтман: Я вижу их иными: мое восприятие изменяется. Я вижу иной мир! И этот переворот во мне осуществляет сила, называемая чудесным свойством Торы (Пятикнижия Моисея): «Свет, заключенный в ней, возвращает к Источнику». Написано: «Я создал злое начало…». Когда ты осознаешь, что твое желание является злом, тогда воспользуешься так называемой «Торой – приправой». Мы ею не пользуемся. Посмотри на религиозных людей или светских – никто не пользуется «Торой – приправой», потому что никто не осознает, что он злодей. Все считают себя праведниками, каждый оправдывает себя.

Когда человек приходит к состоянию, в котором ему действительно раскрывается, что он эгоист, то он может воспользоваться светом, находящимся в Торе и скрытым в ней. О внутренней части, скрытой в Торе, сказано: «Свет, заключенный в ней, возвращает к Источнику». Как реализовать его?

 Свет, способный изменить меня, находится в каббалистических книгах, и поэтому сейчас, когда мы пребываем в состоянии осознания зла, они раскрываются.

Таково наше время, и поэтому эти книги раскрываются. Но речь идет лишь об истинных каббалистических источниках, таких как Книга Зоар, книги АРИ и книги Бааль Сулама.

Бааль Сулам был последним каббалистом, обработавшим и адаптировавшим для нашего поколения всю науку каббала, начиная от Книги Зоар и книг АРИ. Поэтому мы изучаем именно его труды, но пользуемся его книгами не для того, чтобы понять, что в них написано, стать умнее. В своих книгах Бааль Сулам рассказывает о Высшей силе, воздействующей на нас, и я, читая их, хочу, чтобы эта Сила подействовала на меня, изменила меня, раскрыла мои глаза, мое сердце, мое восприятие, чтобы я вдруг услышал, увидел, ощутил, почуял этот иной – обратный мир!

А. Козлов: Этот свет и есть Высшая сила?

М. Лайтман: Этот свет приходит к человеку, желающему измениться и пользующемуся каббалистическими книгами.

А. Козлов: Непонятно, когда приходит этот свет?

М. Лайтман:

Свет приходит ко мне в то время, когда я, желая измениться, читаю в книгах о его действиях по моему изменению.

ГЛАВНОЕ – ЖЕЛАНИЕ ИЗМЕНИТЬСЯ

А. Козлов: И это все?

М. Лайтман: Я раскрываю книгу, например, Книгу Зоар, и совершенно не важно, сколько я при этом понимаю. Но я знаю, что это написано обо мне, написано о моем внутреннем состоянии.

А. Козлов: Итак, в каббалистических книгах написано обо мне?!

М. Лайтман: Только лишь обо мне!

В каббалистических книгах говорится только обо мне, о моей внутренней структуре и о том, как я внутри себя буду работать в исправленном виде, каким я буду в исправленной форме, как я почувствую себя исправленным. Не говорится о нашем мире – говорится о том состоянии, когда я приду к отдаче в духовном мире.

Читая каббалистические книги, я не понимаю ничего: ведь, говорится о реальности, которую я никогда не ощущал. Но я очень хочу ощутить ее, испытать ее, жить в ней, и потому, когда я читаю, то думаю лишь об этом: я больше всего другого в этом мире хочу, чтобы это состояние пришло ко мне, произошло со мной, изменило меня.

И тогда эта Сила, о которой говорится в книге, постепенно начинает воздействовать на меня – по сути, это воздействие осуществляет мое желание. Нет некой физической или иной силы, скрытой здесь между страниц. Но мое желание приближает меня к тем формам, о которых говорит книга – мое желание раскрывается.

Как маленький ребенок растет и становится умнее? С помощью своего желания. Он не знает, что произойдет далее, но хочет расти, и благодаря этим устремлениям он становится взрослее.

То же самое происходит здесь: я желаю – и, благодаря моему желанию, во мне происходит изменение.

В такой же форме дети растут и делаются взрослыми, сильными и понимающими – это то же самое! Это называется «светом, возвращающим к Источнику», но, повторяю, он действует лишь при условии, что я читаю об исправленном духовном мире, о своем исправленном состоянии. Об этом говорят каббалистические книги, и поэтому мы пользуемся ими.

Все остальные книги говорят лишь о нашем мире.

А. Козлов: Этим светом могут воспользоваться лишь те, кто изучает каббалу?

М. Лайтман: Этого света нет ни в каком другом месте, лишь в каббале. Не поможет ничто: ни медитации, ни мистика, ни красные нити, ни святая вода, никакие чудесные свойства, камеи, благословения или предсказание будущего. Человек должен захотеть исправить свой эгоизм, и не имеет значения, еврей он или не еврей, религиозный или светский, в ермолке или без нее – нужно лишь желание. Человеку нужно лишь взять книгу и пожелать, чтобы пришла к нему эта Сила.

А. Козлов: Эту Силу можно передать? Она может распространяться?

М. Лайтман: Эту Силу нельзя передать: она зависит от желания человека. Ты можешь лишь разъяснить человеку, как она работает – и это просто. Сказано: «Верь: есть мудрость у народов мира – не верь, что есть у них Тора!»

«Учится не тот, кто умен». Для науки каббала не нужно никакого особого ума, никакого понимания. Тебе лишь нужно желать, чтобы это изменение произошло с тобой, чтобы раскрылись в тебе видение Высшего мира, ощущение Творца – и все! Потому это называется чудесным свойством, и о нем написано: «Приложил усилие – и нашел!» То есть изначально мы не знаем, каков результат, и поэтому он называется находкой. Необходимо также усилие: без усилия, когда ты прикладываешь силы и желаешь, чтобы это произошло с тобой, этого не происходит. Тебе нужно наполнить сэа – особую меру усилия, и тогда это произойдет, причем, как сказано, внезапно, ускоренно.

КУДА ВОЗВРАЩАЕМСЯ?

А. Козлов: В каббале много говорится о том, что «свет, заключенный в Торе, возвращает к Источнику». О каком возвращении идет речь?

М. Лайтман: Есть выражение: «возвращение к источнику» – это и есть возвращение к свету. Изначально мы пребывали в мире Бесконечности: там находится наш корень, оттуда мы спустились в наш мир. На этих ступенях спуска у нас есть некие путевые вехи. По тем же ступеням, по тем же вехам мы должны подняться назад, и потому этот путь называется возвращением – возвращением в прежнее состояние. По тем же ступеням, по тем же состояниям, по которым наши души спустились из мира Бесконечности в наш мир, мы в наших душах, то есть в желании получать, которое все больше и больше развиваем в себе над своим эгоизмом, превращая его в желание отдавать, постепенно вновь поднимаемся в мир Бесконечности.

Потому говорят о подъеме на гору Синай – гору ненависти (син'а – ненависть) – над нашим эгоистическим желанием. Именно благодаря ему, правильно используя его, с помощью «света, возвращающего к Источнику», мы приходим к Цели творения, как сказано: «Я создал эгоизм и создал Тору для его исправления».

А. Козлов: Возьмем обычного человека, который не изучает каббалу. Жизнь у него не очень складывается, и он не понимает, что мешает ему.

«ИЗЛЕЧИВАЮЩИЙ КАЖДУЮ ПЛОТЬ»

М. Лайтман: В течение истории каббалисты скрывали свои книги, не желая дать их простому человеку из народа Израиля, и тем более народам мира, потому что люди должны были созреть, прийти к состоянию всеобщего отчаяния, которое сегодня ощущается в мире. Сегодня каббалистические книги доступны всем, и, начиная с этого момента и далее, каждый человек может раскрыть их – они продаются во всех магазинах.

Каждому человеку, пока еще не ощущающему, что это за исправление, почему оно необходимо и чего от него хотят, но чувствующему какой-то интерес, считающему, что при этом он что-то выиграет, стоит взять эти книги. Ведь с их помощью он ускорит свое развитие и избежит многих ударов. Вместо того чтобы получать удары и приходить в отчаяние от тяжелой жизни, лучше чувствовать отчаяние оттого, что есть множество прекрасных вещей, которых ты еще не постиг. Ты будешь в отчаянии не от ударов и разочарований, а оттого, что не достиг чего-то хорошего.

А. Козлов: Скажем, у человека нет правильного намерения…

М. Лайтман: Не важно, пусть возьмет книгу. Сказано о Творце: «Излечивающий каждую плоть», – не важно, в каком состоянии человек находится, мужчина это или женщина, еврей он или не еврей, светский или религиозный, умный или глупый – каждого, взявшего в руки книгу, Творец приблизит к добру, ведь Он – «Излечивающий каждую плоть».

А. Козлов: Человек осознает причину зла? Даже, если в настоящий момент он ее не чувствует, он достоин излечения?

М. Лайтман: Даже если человек не предполагает найти в книге «свет, возвращающий к Источнику», не понимает этого, свет, постепенно воздействуя на него, приводит человека к верному ощущению и пониманию.

А. Козлов: Есть отрывок, в котором сказано: «Пусть оставят Меня, но Тору мою сохранят…»

М. Лайтман: «… потому что свет, кроющийся в ней, возвращает к Источнику».

А. Козлов: Почему «… оставят Меня»?

М. Лайтман: Люди любят молиться Творцу, но Он говорит: «Оставьте Меня. Я не помогаю вам». И действительно, можно спросить человека: «Кому ты молишься? Чем ты заслужил, чтобы ответили тебе? Ты видел когда-нибудь положительную реакцию небес?» Изначально Творец сказал: «Я создал злое начало и Тору для его исправления, потому что свет, кроющийся в ней, возвращает к Источнику»,– все направлено на свет.

А. Козлов: В чем отличие между светом и Высшей силой?

М. Лайтман: Высшая сила не раскрывается человеку. Она возникает в тебе над твоим эгоизмом, когда ты начинаешь исправлять его с помощью «света, возвращающего к Источнику», превращая в силу отдачи. Это и есть Высшая сила. Ты никогда не раскроешь нечто высшее, находящееся где-то сверху над тобой. В тебе имеются две силы. Сейчас в тебе есть злое начало, и когда ты выстроишь над ним добрую силу, она и будет высшей над злом. И ты всегда постигаешь эту Силу внутри себя. Творца ты постигаешь внутри себя, поэтому Он называется Борэ – «бо у рэ» («приди и увидь»). В той мере, в которой ты исправляешь себя, ты видишь, раскрываешь Его внутри.

А. Козлов: Вы говорите, что развитие человека – это развитие желания, работа с желанием.

М. Лайтман: Да.

Всегда возникает в человеке большее желание, затем – его исправление, еще большее желание – и опять исправление. Так же человек продвигается вперед, переставляя попеременно ноги: левую – правую, левую – правую.

Сказано: «Каждый, кто больше своего товарища, обладает и большим эгоизмом». Поднимают в тебе неисправленное желание – ты исправляешь его с помощью правильной учебы, стремясь извлечь из нее лекарство: «свет, возвращающий к Источнику». Снова раскрывают тебе негативное желание – ты опять исправляешь его. И этот процесс происходит 125 раз – до окончательного исправления.

А. Козлов: Чтобы получить от «света, возвращающего к Источнику», нужно посвящать этому определенное время, или это может происходить в процессе обычной повседневной жизни?

М. Лайтман:

Человек обязан работать, учиться, иметь семью, детей, заботы, связанные с ними – принять на себя всю совокупность проблем и внутри них постичь «свет, возвращающий к Источнику» – внутри всего того, что есть у него.

А. Козлов: Как в течение обычной жизни я могу быть постоянно соединенным со «светом, возвращающим к Источнику», а не находиться под воздействием эгоизма?

М. Лайтман: Прежде всего, использовать свое свободное время: вместо того, чтобы лежать на диване с бутылкой пива, глядя футбол, можно посидеть с книгой и получить от нее вдохновение, а затем сохранить его в течение дня.

А. Козлов: Это вдохновение сохраняется?

М. Лайтман:

 Все в твоей жизни зависит только от твоего желания: хочешь ты находиться в чем-то или нет, живешь ли ты каждое мгновение в ожидании, что именно это произойдет с тобой, или нет.

Сказано, что когда человек приходит к духовному самоотчету, у него спрашивают: занимался ли он Торой, ожидал ли избавления, – то есть, работал ли он для того, чтобы постичь «свет, возвращающий к Источнику», и ожидал ли, чтобы это произошло. Лишь об этом спрашивают. Что ты ответишь? (Оба смеются)

А. Козлов: Мы знаем, что тема эгоизма становится сегодня все более популярной в мире, особенно в свете экономического кризиса.

М. Лайтман: Нет, это из-за того, что период развития эгоизма в течение миллионов лет развития окончился именно в нашем поколении. Нужно перестать использовать эгоизм и перейти к использованию желания получать. Так же, как выворачивают перчатку, нужно перейти от эгоизма к желанию отдавать. Прежняя жизнь закончилась. Она уже продемонстрировала всем, что далее так продолжать нельзя. Мы не просто переживаем кризис в экономике, культуре, образовании, – это конец пути в прежней эгоистической природе.

А. Козлов: В начале программы Вы объяснили, что, человек, начав присоединяться к новым течениям своей жизни, говорит: «Я видел обратный мир». Вы говорите, что «свет, возвращающий к Источнику» изменяет желание человека. Как можно помочь человеку ощутить подобное явление?

ГРУППА, КНИГИ И УЧИТЕЛЬ – ТРИ СОСТАВЛЯЮЩИЕ УСПЕХА

М. Лайтман: Происходит лишь это – нет ничего иного. Человек должен находиться в группе, которая правильным образом учится, воздействует на него как в мыслях, так и в желаниях получать от товарищей впечатление, силу, помощь, импульс, давление, которые бы подталкивали его. Он должен находиться возле Учителя, являющегося проводником на духовном пути, правильно направляющего его и каждый раз объясняющего, что нужно требовать от учебы. Человек должен, как мы сказали, учиться по правильным книгам – только по оригинальным источникам: Книге Зоар и книгам АРИ в обработке Бааль Сулама для нашего поколения, и, кроме всего, посвящать этому занятию какое-то время, то, что называется усилием, и тогда то, что он желает, произойдет.

А. Козлов: Скажем, есть зрители, которые смотрят наши телевизионные программы.

М. Лайтман: Пусть продолжают их смотреть – этого достаточно. Даже если они сами не раскрывают книги, это работает, воздействует, изменяет человека, приближает его к «свету, возвращающему к Источнику», – и это произойдет! Тот, кто регулярно смотрит наши программы, ощущает, что изменяется.

А. Козлов: Распространение науки каббала в наше время распространяет также эту силу – «свет, возвращающий к Источнику»?

М. Лайтман: Конечно. Хотим мы этого или нет – это происходит, как сказано: «Из уст его вышла мудрость». Именно эта сила действует, потому что мы не просто говорим, производя колебания воздуха, – мы пользуемся при этом своей внутренней духовной энергией, передаем мысли и желания от сердца к сердцу, от разума к разуму.

А. Козлов: Вы можете дать другое имя «свету, возвращающему к Источнику» – имя, которое легче запомнить, с которым легче связаться?

М. Лайтман: Лекарство, исправляющая сила, воздействующая на меня в соответствии с тем, что я изучаю, с моим желанием получить это воздействие. Таким способом я излечиваюсь, изменяюсь – и так все мы!

Воображаемая реальность

Беседа одиннадцатая,
в ходе которой мы не теряем надежду выяснить,
что же в науке каббала
считается истинным «я» человека,
чтобы понять, каким образом
правильно действовать в этом мире с целью
достижения этого самого «я», если захочется,
но неожиданно и с немалым удивлением узнаем,
что никакого «этого мира», согласно каббале, нет.
Пережив шок, мы, тем не менее,
получаем ответы на некоторые вопросы о
каббалистическом «экране» и о том,
как, без всякого сомнения, увидеть, что наша
реальность действительно воображаемая,
о связи нашей вечной Души и «точки в сердце», —
и снова новые вопросы.

СОБЕСЕДНИК ИЛЬЯ ВИНОКУР

И. Винокур: Тема нашей сегодняшней беседы – «Воображаемая реальность». Вы часто говорите, что реальность, которую мы ощущаем и видим вокруг себя, является воображаемой. Что значит «воображаемая реальность»?

М. Лайтман: Мы просто ощущаем ее такой. Но кто сказал, что она на самом деле существует? А если все ощущаемое мной я чувствую, как во сне, а потом проснусь – и окажется, что ничего не существует? Фильм закончился – и его нет.

 Реальность. Я ощущаю ее, поскольку чувствую. А если бы меня не было, эта реальность существовала бы или нет? Это еще вопрос.

Кто может сказать: да или нет? Я должен оказаться снаружи и увидеть себя, ощущающего эту реальность. И если, находясь вне себя, я увижу ту же самую действительность, то скажу, что эта реальность существует также и вне меня, объективно, а не в моих органах восприятия.

И. Винокур: Я немного запутался. Давайте проведем маленький опыт. (Стучит по столу) Я постучал рукой и что-то ощутил: это стол.

А ЕСТЬ ЛИ СТОЛ?
М. Лайтман: Стол.
И. Винокур: Он здесь? Он существует?
М. Лайтман: Разумеется.
И. Винокур: Он воображаемый?
М. Лайтман: Ты ощущаешь его или нет?
И. Винокур: Целиком и полностью.
М. Лайтман: Если ты его чувствуешь, то он существует в твоих ощущениях. Верно?
И. Винокур: Да.
М. Лайтман: Но если бы у тебя были другие органы ощущений, допустим, ты воспринимал бы все в рентгеновских лучах, то не почувствовал этого стола, словно его не существует. Ты проходил бы сквозь него. Жаль, что моя рука не может сквозь него пройти. Она прошла бы через него – и все, так же, как проходит сквозь воздух.

Откуда ты знаешь, что здесь в воздухе ничего нет? – Потому что ты создан так, что в твоих органах ощущений это пространство пустое, в твоих глазах.

И. Винокур: Когда Вы стучите по столу, Вы чувствуете его?
М. Лайтман: Разумеется. Мой орган осязания ощущает стол. Мой орган зрения видит поверхность этого стола, его цвет, и я могу сказать о нем, что он собой представляет.

И. Винокур: Так для нас обоих этот стол сейчас существует?

М. Лайтман: Разумеется. Поскольку у нас общие органы ощущений. А если бы у меня были еще дополнительные органы восприятия…

И. Винокур: Подобно чему? У нас есть пять органов ощущений. Верно? Зрение, слух, обоняние, вкус и осязание.

М. Лайтман: Да.

И. Винокур: Вы сказали: «Если бы у нас были дополнительные органы ощущений…». В другом теле?

М. Лайтман: Я не знаю, что значит другое тело или нет. Тело я тоже ощущаю в своих органах чувств. Если бы меня лишили осязания, то я не ощущал бы себя. Своим органом осязания я чувствую, что существую, что представляю собой твердое тело, занимающее какое-то пространство, некий объем. Осязание приносит мне такое ощущение. А если бы я не чувствовал этого?

И. Винокур: Если бы у Вас не было органа осязания?

М. Лайтман: Да. Я не ощущал бы себя существующим, занимающим какое-то пространство. Я бы не чувствовал, что сейчас дотрагиваюсь до стола, сижу на стуле, что-то касается меня в воздухе, постоянно давит на меня. Если бы мои органы ощущений были отключены…

И. Винокур: Вы бы не видели, не слышали, не пробовали на вкус, не ощущали, не осязали…

М. Лайтман: Так что бы со мной было?

И. Винокур: Что бы с Вами было?

М. Лайтман: В нашем мире это называется «без сознания».

И. Винокур: В бессознательном состоянии?

М. Лайтман: Допустим. Не осознающий действительность. Так что же? От этого сама реальность изменилась бы или нет? Я не знаю. Я в чем-то существую.

И. Винокур: Что значит, «я не знаю»? Если бы сейчас, не дай Бог, Вы потеряли сознание, когда я нахожусь рядом с Вами? Тогда я не знаю, существует ли эта реальность для Вас или нет, но я остаюсь (стучит по столу) за тем же столом.

М. Лайтман: Да. Слава Богу.

(Смеются)

И. Винокур: Так что же? Эта реальность существует или нет?

М. Лайтман: Относительно тебя – да. Но если бы ты тоже утратил все органы ощущений?

И. Винокур: Здесь осталась бы пустая студия.

М. Лайтман: Но кто сказал, что есть студия, если только мы ее ощущаем?

И. Винокур: Я Вас понял. Допустим, все люди исчезают с земного шара…

М. Лайтман: Не исчезают, а перестают ощущать. Исчезают или не исчезают – это тоже вопрос. Что значит «исчезает»?

Если я перестаю ощущать, то для меня все исчезает. Если ты перестаешь ощущать, то все исчезает для тебя.

И. Винокур: Так происходит, когда люди умирают?

М. Лайтман: Не забегай вперед. Так, если бы все люди на всей Земле лишились своих пяти органов чувств, эта реальность, которую все мы ощущаем, исчезла бы из наших ощущений.

И. Винокур: Куда бы она исчезла?

М. Лайтман: Она существует только в наших органах чувств.

И. Винокур: Но что значит: «существует»? Ты купил автомобиль – у тебя есть автомобиль на стоянке возле дома. Ты купил квартиру – у тебя есть квартира. Куда она исчезнет, если ты исчезаешь?

М. Лайтман: Из твоих органов ощущений она исчезнет. Но ты думаешь: существует ли она вне органов ощущений? Кто сказал тебе, что да? Кто-то должен сказать тебе, что она на самом деле существует.

Мы настолько привыкли жить в наших органах ощущений, что не можем себе представить и с легкостью согласиться (ты видишь это по себе), что весь этот мир воображаемый – мир, который мы таким образом ощущаем. Но если бы мы лишились всех наших органов ощущений и затем получили другие органы восприятия…

И. Винокур: Какие другие?

М. Лайтман: Какие другие? Известно, что змея видит все в пятнах тепла и холода. Пчела видит все состоящим из маленьких фрагментов, крошечных экранов. Морские животные ощущают все в виде волн, улавливая их, как локаторы.

И. Винокур: Это значит, что другие живые существа ощущают иначе…

М. Лайтман: И это даже в нашем мире. К примеру, собака ощущает все в виде облака запахов.

И. Винокур: Значит, другие животные, устроенные по-другому…

М. Лайтман: Они уже чувствуют реальность иначе. Собака все нюхает, ей нужно все потрогать. Есть животные, которые посылают какую-то волну, получают ее обратно и, только таким образом, ощущают реальность.

И. Винокур: И тогда им представляется картина окружающей их реальности?

М. Лайтман: Да.

И. Винокур: Так же, как мне и Вам представляется другая картина?

М. Лайтман: Разумеется, другая.

И. Винокур: Но они получают ее в том же самом процессе?

М. Лайтман: В том же самом процессе. Но все это еще не изменение органов ощущений. Это лишь несколько иная плоскость, отличная от области восприятия человека.

И. Винокур: Так что значит изменение органов ощущений или другие органы ощущений, о которых Вы говорили?

М. Лайтман: Мы не можем знать о них. Только из таких сопоставлений, сравнивая, допустим, восприятие летучей мыши и человека, мы можем сказать, что картина реальности зависит от наших органов ощущений. Я бы не чувствовал и не видел того, что сейчас вижу и ощущаю. В моих органах восприятия мне представляется такая картина.

А если бы у меня, у тебя и у всех нас были другие органы чувств, мы ощущали бы иную реальность. Допустим, мы свободно проходили бы через стены этого здания, которые сейчас ощущаем твердыми. И может быть, жидкое казалось бы нам чем-то другим.

Реальность зависит только лишь от того, кто ее ощущает и наблюдает. Так он рисует ее внутри. И эта реальность воображаемая, поскольку каждый из нас создает свою собственную ее картину, для себя.

И. Винокур: Но какова реальность на самом деле?

М. Лайтман: Ее нет.

И. Винокур: Что значит, «нет»?

М. Лайтман: Согласно науке каббала, все это лишь Высший свет, наполняющий всю действительность. Все только Высший свет. В мере нашего подобия этому свету или отличия от него мы рисуем реальность, то есть различия между нами и Высшим светом.

И. Винокур: Давайте попробуем понять, что Вы сейчас сказали. Вы каббалист. Вы сидите сейчас здесь со мной. До этого мы провели опыт: мы оба ощущаем стол.

М. Лайтман: Разумеется. Ведь в своем теле я такой же, как ты.

И. Винокур: А что еще?

ЭКРАН, ОЩУЩАЮЩИЙ СВЕТ
М. Лайтман:

У каббалиста есть иной, дополнительный орган восприятия для ощущения света. Если человек развивает такой орган восприятия, так называемый экран, то начинает ощущать особые явления, называемые Высшей силой или Творцом, которые действуют в нем и влияют на него.

Разница между этим дополнительным органом восприятия, которым мы ощущаем Творца, и нашими пятью органами чувств, которыми мы воспринимаем этот мир, состоит в том, что этот шестой орган ощущений вечный, поскольку им мы ощущаем вечность, силу, действующую всегда, – Творца, Высший свет.

А наши земные органы ощущений связаны с нашим телом. Если тело живет, мы ощущаем, если умирает – ощущение исчезает.

И. Винокур: Этот орган ощущений Вы назвали экраном…

М. Лайтман: Можно сказать так: когда человек рождается, он еще ничего не чувствует, как капля семени, которая развивается в матке матери, и постепенно начинает просыпаться, что-то ощущать. Ты видел своих детей? Они не сразу видят, не сразу слышат, не сразу ощущают. Все эти органы ощущений должны пробудиться, и тогда человек начинает чувствовать, что находится в какой-то реальности.

По истечении какого-то времени, через много лет тело начинает утрачивать свои органы ощущений. Так происходит со стариками: они меньше слышат, меньше видят, меньше ощущают, словно собираются заснуть, и постепенно угасают, пока тело не умирает. И тогда они перестают ощущать так же постепенно, как капля семени когда-то начала развиваться и чувствовать.

И. Винокур: И тогда картина этой реальности у них гаснет?

М. Лайтман: Да.

И. Винокур: И что теперь?

ТАК КТО «Я»?

М. Лайтман: Ничего. А что может быть теперь? Кто ощущает? Никто. Где тот, который чувствовал? Его нет.

И. Винокур: Так, где же они?

М. Лайтман: Что значит, «где»? Их тело, которое ощущало, разлагается на части, превращается в прах – и все.

И. Винокур: Да. Но есть то, что переходит из кругооборота в кругооборот? Ведь что-то должно развиваться?

М. Лайтман: Что переходит из кругооборота в кругооборот? Все разлагается, и ничего из этого не образуется, ведь, это «прах земли».

И. Винокур: Ясно, что тело разлагается. Но в науке каббала говорится, что есть шеренга душ, переходящих из поколения в поколение…

М. Лайтман: Так это души! Души это уже нечто иное, не имеющее отношения к этому телу. В человеке есть некая точка…

И. Винокур: В каждом человеке?

М. Лайтман: Не просто в каждом человеке. Мы живем в этой жизни как животные: живем и умираем, и снова живем и умираем.

И. Винокур: Эта реальность включается и выключается?

М. Лайтман: Нет. Наше тело живет один раз.

И. Винокур: Хорошо. Я был зародышем, родился на свет и начинаю ощущать эту действительность. У меня есть картина реальности. Верно?

М. Лайтман: Да.

И. Винокур: Затем Вы сказали, что я старею, – она гаснет и исчезает.

М. Лайтман: Да.

И. Винокур: И что сейчас?

ЗАРОДЫШ ДУШИ

М. Лайтман: Что сейчас? Ничего.

 Есть в тебе лишь одна точка, совершенно не зависящая от тела. Она словно сопровождает тебя, определяя существование тела. Она пробуждается в тебе в течение твоей жизни, давая тебе возможность вырастить ее. Эта точка называется началом души. Если ты растишь и развиваешь ее, то с помощью этой точки развиваешь экран и начинаешь ощущать истинную реальность.

И. Винокур: Это и есть свет, о котором Вы говорили?

М. Лайтман: Это один лишь свет.

И. Винокур: Когда Вы ощутили это в первый раз?

М. Лайтман: Я думаю, примерно в 1979-1980 году.

И. Винокур: И как это случилось? Физически Вы находились в каком-то месте, в какой-то ситуации, ощущали эту картину мира, как мы сейчас?...

М. Лайтман: Не в этом дело. Наш мир живет и существует вне этого духовного ощущения. Духовное ощущается в виде силы, пронизывающей всю эту реальность без всякой связи с ней, и воздействует на тебя в совершенно иной плоскости. Ты связан с этой силой, она сопровождает тебя, окутывает тебя и дает тебе вечное существование.

Вместе с тем, ты можешь жить в этом мире, существовать, ездить, работать, разговаривать с людьми, и в то же время в другой плоскости, вне всей этой реальности, ты существуешь, связанный с силой, наполняющей все мироздание.

И. Винокур: Сейчас Вы говорите об ощущении света, который воспринимают в дополнительном органе чувств, развивая его?

М. Лайтман: Да.

И. Винокур: Вы говорите, что впервые ощутили его примерно в 1980-м году…

М. Лайтман: Об этом можно сказать, что ощутил. До того были всевозможные ощущения, но еще не столь явные…

И. Винокур: Если можно, давайте вернемся к этому мгновению. Вы что-то делали физически: сидели, стояли, шли?

М. Лайтман: Все было как обычно. Это может быть в любом состоянии…

И. Винокур: Но что происходит в тот миг, когда вдруг добавляется это ощущение?

М. Лайтман: В твоей жизни не происходит ничего особенного. Это может случиться в любое мгновение жизни. Тебе вдруг начинает проявляться, проясняться это ощущение – и все. Оно не имеет отношения к этой жизни. В ней не должно быть ничего особенного, чтобы вдруг ты ощутил духовное.

И. Винокур: Нет. Это ясно, что не должно быть ничего особенного. Я только спрашиваю: как это случается? Допустим, я сижу сейчас за столом на стуле…

М. Лайтман: И вдруг ты начинаешь ощущать, что кроме того, что чувствуешь сейчас, есть тут какая-то особая сила, наполняющая весь мир. Она связана с тобой, и ты начинаешь ощущать эту силу, ее отношение к тебе. Мир становится более плотным, будто бы воздух стал более наполненным.

И. Винокур: Это и есть ощущение истинной реальности?

М. Лайтман: Нет. Это начало ощущения. Ты спрашивал о первом мгновении.

И. Винокур: Так это начинается. И куда потом развивается?

М. Лайтман: Затем уже нужно работать над этим ощущением, ведь потом оно исчезает, поскольку приходит к человеку, у которого еще нет ясных духовных органов восприятия, нет экрана, когда бы он находился в подобии свойств с той же силой. Эта сила лишь светит ему издалека.

После этого может пройти еще несколько лет, пока человек работает над собой и приходит к такому состоянию, когда в минимальной мере становится подобным этой силе.

И. Винокур: Подобным в чем?

М. Лайтман: Подобным по свойству. Эта сила – сила любви и отдачи, выше нашего тела со всеми его требованиями, выше нашей природы. Если с помощью науки каббала человек уже может подняться над своим телом, над его требованиями, уважать и ценить в этой жизни связь с той самой силой, наполняющей и окружающей все, то начинает раскрывать эту силу постоянно существующей. А затем он развивает свои органы ощущений так, что находится в осознанном, все более ясном контакте с этой силой, и учится, как можно еще больше ей уподобиться. Он начинает уже вступать в систему отношений с этой силой.

И. Винокур: В какую систему отношений?

М. Лайтман: Он желает уподобиться этой силе, относиться к ней так же, как чувствует, что она относится к нему. И тут начинается взаимная работа.

И. Винокур: А эта реальность, которую мы сейчас ощущаем?

М. Лайтман: Эта реальность тоже остается. Но, разумеется, она принимает совершенно иной характер, вес и значимость, чем прежде. Она остается, как у обычного человека…

И. Винокур: Наша земная реальность?

М. Лайтман: Да. Но человек уже начинает ощущать, чем она помогает ему для постижения духовной силы, уподобления ей. Тогда он начинает использовать эту реальность критически, разумно и целенаправленно.

И. Винокур: Когда мы ощущаем эту реальность: свет, Высшую силу, Творца, – это уже означает, что мы воспринимаем действительно существующее?

М. Лайтман: Да. Это начало ощущения света, Творца.

И. Винокур: И это ощущение – уже истинная реальность, а не воображаемая?

КОГДА ФАНТАЗИЯ ИСЧЕЗАЕТ

М. Лайтман: Это реальность, которая с каждым разом лишь проясняется все больше и больше, согласно тому, насколько человек может ей уподобиться. Человеку становится ясно, что представляет собой эта земная реальность, воображаемая в пяти органах ощущений. Он понимает, что это не истинная реальность, поскольку и его тело, и все ощущаемое внутри него существует временно, только в том желании, которое пока еще невозможно исправить, уподобив свету. Он осознает, что когда-нибудь это исчезнет, и он останется со светом вне этой материальной реальности.

И. Винокур: Когда он начинает ощущать две эти реальности: земную реальность, которую ощущают все люди вокруг него, и эту дополнительную духовную реальность, которую сейчас он начал ощущать, – как он теперь относится к этой материальной реальности? Ведь он знает, что есть что-то еще?

М. Лайтман: Целенаправленно.

И. Винокур: Что это значит, «целенаправлено»?

М. Лайтман: Он знает, что ощущает земную реальность вместе со всеми людьми, поскольку должен достичь ощущения духовной реальности и привести к этому ощущению всех людей. И когда все они достигнут духовной реальности, полностью уподобившись Творцу, не будет больше необходимости в материальной действительности. Она существует только для того, чтобы из нее все мы достигли духовной реальности.

Когда мы достигаем духовной реальности, подобия свойств с Творцом, соединяемся вместе между собой, сливаемся с Ним, тогда это низкое, маленькое желание насладиться, в котором мы ощущаем этот мир, исправляется и поднимается к ощущению света. И ограниченная земная реальность исчезает.

И. Винокур: И что тогда?

М. Лайтман: И тогда это ощущение исчезает.

И. Винокур: Что значит, «исчезает»?

М. Лайтман: Исчезает – значит, его нет.

И. Винокур: Чего нет?

М. Лайтман: Нет воображаемого пространства нашей Вселенной и всего происходящего в нем. Все это просто исчезает. Ведь нет никого, кто ощутил бы его. Поскольку желание, в котором ты ощущал неживую природу, растения, животных и людей, поднимается на уровень ощущения света, и потому этот мир из ощущения желания исчезает. Это означает, что, в конце концов, исчезает эта фантазия.

И. Винокур: Я тут что-то не понял. Вы сказали несколько фраз о том, что мы ощущаем мир внутри желания. Объясните, пожалуйста. У нас есть желание, в котором мы ощущаем эту воображаемую картину. И если это желание исчезает…

М. Лайтман: Тогда мы не ощущаем ее. Ведь кто сфотографирует эту картину? Я воспринимаю ее на экране, находящемся в задней части головного мозга. Так объясняет Бааль Сулам во «Введении в книгу "Зоар"». Все, что я ощущаю через все мои органы чувств, через все мои входы, я воспринимаю, в сущности, изнутри. И сейчас я получаю впечатление внутри. Я не знаю, какой голос, какая волна достигает моего уха, а затем проходит множество изменений, пока я не начинаю распознавать внутри то, что называю «голос». А как связано то, что я распознаю внутри, с тем, что происходит снаружи, – этого я не знаю.

То же самое происходит со зрением. Что-то попадает в поле зрения моих глаз, затем проходит через множество различных химических и электрических реакций, и лишь затем я ощущаю какой-то зрительный образ. И нет в нем никакой связи с происходящим снаружи. К тому же я распознаю все согласно своему желанию. Желание заставляет меня увидеть то или иное.

И. Винокур: Что это значит?

М. Лайтман: Я ощущаю не то, что находится вне меня, а то, как я рисую себе это внутри.

И. Винокур: Вы можете привести пример, как мы ощущаем согласно желанию? Два человека идут по улице, что видит каждый из них?

М. Лайтман: Если внутри меня, в моей памяти нет каких-то образов, готовых распознать внешние объекты, то я их не увижу. Я не смогу увидеть их, поскольку мне не с чем их сравнить. Что-то достигает моего уха, якобы задевает барабанную перепонку. Она передает электрический импульс, который приводит к химическим реакциям.

Эти химические реакции проникают в какую-то область, где начинается сравнение того, что я вроде бы ощущаю (хотя это уже не ощущение, а химическая реакция), с тем, что я знаю, помню, когда-то слышал. И тогда в результате такого сравнения я распознаю, что это голоса, может быть, особые, внутри которых есть какая-то информация. Я начинаю распознавать, какая это информация, на каком языке, что говорят и так далее.

Все это проходит через огромный компьютер, который занимается в основном сравнением между тем, что есть внутри него, в его памяти, и тем, что приходит извне.

И. Винокур: Этот компьютер находится у нас в мозгу?

М. Лайтман: Да, разумеется.

И. Винокур: И что он выдает? Какой результат?

М. Лайтман: И тогда, сравнивая одно с другим, я начинаю понимать, рисовать себе какой-то образ: голоса, зрительную картину, запах, – не важно, что именно, – но лишь из сравнения. А если мне не с чем сравнить какие-то объекты, то я вообще их не увижу. Я обязан иметь хоть какой-то готовый образ.

Так работает и компьютер. Как он распознает? Посмотри, как устроен твой компьютер. Есть в нем определенный набор картин и звуков, которые должны быть неким примером, основой, относительно которой работают.

И. Винокур: Откуда же мы можем взять пример, чтобы распознать этот свет?

«ТОЧКА В СЕРДЦЕ»

М. Лайтман: Прекрасный вопрос! Есть в нас зародыш вечной души – «точка в сердце». Именно ради этого в нас существует эта «точка в сердце», которая приносит нам самое первое свойство света. Как мы развиваем эту «точку в сердце»? Мы вызываем на нее воздействие света. И тогда по мере развития в нас этой точки (свойства света, отдачи и любви), мы можем распознать этот свет и снаружи. А без такого сравнения мы тоже его не распознаем, так же, как сейчас мы с тобой его не ощущаем.

И. Винокур: Что значит фраза, которую говорят каббалисты: «Увидел обратный мир»?

М. Лайтман:

Обычный человек – твое «я» – видит всю реальность, желая получить, ухватить, поглотить в себя. А «обратный мир» означает, что этот «я» воспринимает духовную реальность, желая отдавать, дарить, любить, соединиться со всеми. Это называется «обратным миром». Такая смена восприятия действительно приводит в другой мир.

И. Винокур: Вы говорили, что после того, как человек ощутит свет, его отношение в земной реальности меняется. И все, что он желает, – лишь привести всех остальных людей к ощущению той самой реальности, которую он сейчас воспринимает, – к ощущению света.

М. Лайтман: На протяжении нашей жизни нам дана возможность обрести свойства света и перейти к высшей, духовной жизни – вне ограничений тела. Человек может сделать это сейчас и ощущать два мира одновременно.

Творец

Беседа двенадцатая,
в которой мы выясняем главный вопрос:
кто такой или что такое Творец?
В результате выяснения
приходим к вопросу самому главному:
что такое любовь?

СОБЕСЕДНИК НИВ НАВОН

Н. Навон: Тема нашей сегодняшней беседы – «Творец».

М. Лайтман: Ну, это достаточно неопределенно.

Н. Навон: Несмотря на то, что это достаточно неопределенно, нет никого, кто не слышал бы о Нем, не обращался бы к Нему с какой-то молитвой или просьбой в трудный период жизни.

М. Лайтман: Это тема, которая касается каждого.

Н. Навон: Это касается каждого: кто-то регулярно беседует с Ним, кто-то совершенно отрицает его, вооружившись неопровержимыми доказательствами. Но, как бы то ни было, эту тему невозможно проигнорировать на протяжении всего исторического развития.

Первый вопрос, что такое или кто такой Творец?

ПРИДИ И УВИДЬ

М. Лайтман: Творец это то, что человек ощущает как Творца. Мы можем говорить только о том, что мы ощущаем. Когда-то мы жили в ощущении Творца. Это было тогда, когда между нами царила братская любовь и единение. В связи между нами мы ощущали отдачу, которая называется Творец – «Борэ», приди («бо») и увидь («рэ»). Любовь между нами дает нам ощущение Творца, свойство отдачи, свойство любви, которое наполняет мир. Когда мы испортились, то вышли из этого состояния, перешли от любви к беспричинной ненависти. Это было две тысячи лет назад. Все это произошло в результате того, что мы упали из свойства отдачи в свойство ненависти. И тогда Творец тоже исчез из наших ощущений.

Н. Навон: Что это значит?

М. Лайтман: Свойство отдачи и любви, которое царило между нами, исчезло, и Творец тоже исчез, скрылся.

Н. Навон: От нас?

М. Лайтман: Конечно, Он скрылся от нас.

Н. Навон: Но ведь это не значит, что Он действительно исчез? Ведь сам Творец не исчез?

М. Лайтман: Мы говорим о том, что происходит с нами. Мы всегда говорим только о том, что понимаем и чувствуем в реальности. Творец исчез, скрылся, а мы остались и существуем в скрытии, которое называется изгнанием. Вследствие этого скрытия мы заменили ощущение Творца верой. Мы верим, что Он существует и относится к нам определенным образом, но мы не ощущаем Его, поэтому Он уже не называется «Борэ» – «приди и увидь».

Но если мы захотим раскрыть Его, – а сейчас пришло время раскрытия Творца, и поэтому весь мир переживает кризис, призванный подтолкнуть всех к Его раскрытию, – мы снова придем к состоянию, когда нам придется соединиться друг с другом, но уже в рамках всего мира, и достичь того ощущения братской любви, внутри которого мы ощутим Творца – высшую силу природы, которая полностью наполняет нас.

Здесь мы должны сказать, что Творец, высшая сила отдачи и любви, и Природа («Тева»), которая в своем численном обозначении соответствует «Элоким» (одно из имен Творца) – это одно и то же.

Н. Навон: Значит ли это, что сам Творец существует вне нас?

М. Лайтман: Да, но мы не можем говорить о том, чего мы не чувствуем.

Н. Навон: Почему? Вот мы уже сейчас говорим об этом.

М. Лайтман: Но это не значит, что ты говоришь о чем-то реальном по отношению к тебе.

Н. Навон: Я читаю в книгах, что Он хороший…

М. Лайтман: Ты даже не знаешь, что имеется в виду, ведь ты вкладываешь в слова то, что ощущаешь в этом мире. Что такое хорошо? Спроси ребенка. Он скажет тебе, что хорошо – это сладости, футбол, велосипед. Спроси взрослого человека. Он скажет тебе, что хорошо – это отдых на море, поездка в дальние страны. Каждый скажет тебе, что для него означает хорошо. Так что такое Творец? Он добр и творит добро. Какое добро Он творит? Улучшает твою материальную, животную жизнь? Мы используем слова, которые написали каббалисты, но в эти слова мы вкладываем свое ощущение, знакомое нам из этого мира. Получается, что мы читаем совсем не то, что они пишут. В словах, которые они написали, мы читаем то, что представляем себе. В итоге, все это превращается в рассказы и сказки.

Н. Навон: Я все-таки хочу уточнить этот вопрос. Существует Творец вне человека или не существует?

Я И ТВОРЕЦ. ПОДОБИЕ И ОБРАЗ

М. Лайтман: Нет Творца вне творения. Наука каббала предупреждает: «Все, что не постигаем, не можем назвать по имени». То есть мы говорим только на основе постижения, только относительно постигающего человека. Мы не можем говорить о Творце, если Он не является внутренним постижением человека. Поэтому каббала требует, чтобы мы раскрыли Творца. «Все познают Меня от мала до велика», – к этому мы должны прийти. Мы должны достичь слияния с Творцом. Что значит, «слияние»? Сказано, что это означает «слиться с Его свойствами»: «как Он милосерден, так и ты будь милосерден, как Он милостив, так и ты будь милостив». Это значит, что мы должны достичь точно таких же свойств, как Он, и тогда мы ощутим Его в себе.

Невозможно достичь Творца вне себя. Я могу постичь Его только в себе как свойство любви и отдачи, которого я достигаю. Когда я приобретаю это свойство, я и сам становлюсь таким. По мере приобретения свойства отдачи и любви к ближнему я становлюсь подобен Творцу, и тогда я могу сказать, что Он собой представляет. Поэтому сказано: «из действий Твоих познаю Тебя».

То есть ты должен выполнить действия, и из своих действий ты познаешь Его. Только исходя из своих действий! Это значит, что нет понятия Творца вне меня, только выполняя положительные действия по отношению к ближнему, я могу сказать, какой Творец. Поэтому душа, то есть свойство отдачи и любви к ближнему, называется частью Божественного свыше. Творец, отдающий и любящий на сто процентов, и я тоже в какой-то мере. Эта мера отдачи и любви ближнему, которая присутствует во мне, называется душой и поэтому она является частью Божественного.

Н. Навон: Если я приобретаю свойства отдачи, это значит, что я становлюсь Творцом?

М. Лайтман: Да, в тебя облачается Творец. Творец облачается в творение, и, только исходя из этого, мы можем говорить об этом.

Н. Навон: Почему сказано, что Он создал человека «по своему образу и подобию». В чем мы подобны Ему?

М. Лайтман: Изначально Он создал нас подобными Себе в свойстве отдачи и любви, а затем мы умышленно «испортились» и упали с высоты отдачи и любви в противоположные свойства. И теперь мы хотим эгоистически использовать ближнего, ненавидим друг друга, и каждый проверяет, насколько он выше ближнего. Мы должны вернуться к тому уровню, на котором он создал нас – к уровню абсолютной отдачи и любви.

Н. Навон: Этим мы становимся подобны Ему?

М. Лайтман: Это называется достижением слияния с Ним, то есть мы соединяемся друг с другом настолько, что нас невозможно разъединить. Мы становимся с Ним как одно целое.

Н. Навон: Почему он называется именно Творцом, Создателем, Борэ?

М. Лайтман: Бо и Рэ – приди и увидь. «Приди» это значит продвинься в своем исправлении, в своей отдаче и любви к ближнему. Если ты можешь соединиться с ближними, с совокупностью всех душ, находящихся в состоянии взаимной отдачи и любви, если ты построишь такой сосуд, в нем ты увидишь, раскроешь, поймешь и почувствуешь Высшую силу, которая называется «Борэ» – Творец.

Именно само слово «Борэ», обобщающее имя Творца, говорит о действии, с помощью которого мы постигаем Его в себе, внутри нашего исправления, внутри нашей взаимосвязи.

Поэтому условием для получения Торы является поручительство. Если мы соединяемся вместе, как один человек с одним сердцем, когда все наши желания направлены друг на друга, и все мы связаны между собой, тогда раскрывается Творец.

Н. Навон: От слова «Творец» существует глагол «творить», «создавать». Что творит человек, который постигает Творца? Что он создает?

М. Лайтман: Он создает в себе самом свойство Творца – отдачу и любовь. Духовное – это сила, это свойства, а не предметы.

 Если я достигаю свойства любви к ближнему, без всякой связи с самим собой, выхожу из себя к нему, тогда это называется, что я отношусь ко всему, как Творец. Тогда и я, и Творец становимся в этом действии как одно целое.

Н. Навон: Сказано, что Творец создал небо и землю, я тоже начинаю что-то создавать?

М. Лайтман: Творец создал небо и землю, а праведники – так действительно написано – становятся партнерами Творца в сотворении.

Н. Навон: Что это значит?

М. Лайтман: Они исправляют себя и соединяют в себе две силы: землю – «эрец», от слова «желание», то есть свое желание насладиться, с небом – так называется свойство отдачи. Они соединяют их вместе, создают небо и землю.

Н. Навон: Почему в каббале используют в основном слово «Борэ» – Творец, а не Элоким или другие имена?

М. Лайтман: Обобщенное имя Творца – Борэ, а все остальные, это частные имена.

Н. Навон: То есть Творец – это универсальное имя.

М. Лайтман: Мы учим из науки каббала, что из четырех стадий постижения мы всегда постигаем не сущность и не абстрактную форму, а форму, облаченную в материю, и саму материю.

Наша материя – это желание. Неживое, растительное, животное и человек (говорящий) – это различные уровни желания. По мере того, как желание приобретало свойства получения, в соответствии с этим мы различаем неживую, растительную, животную и человеческую природу. По мере увеличения желания насладиться во всех его проявлениях, мы видим, как неживое перерастает в растительное, растительное – в животное, животное – в человека. Мы постигаем свойство, присущее желанию. Я еще раз повторяю, мы постигаем материю – наше желание – и форму, облаченную в материю.

Н. Навон: Это свойство отдачи?

ДУША И ДРУГИЕ ДУШИ

М. Лайтман: Если это свойство отдачи, то оно называется духовным, если это свойство получения, оно называется материальным. Мы пока постигаем из своего желания, имея только свойство получения, материальное. Поэтому мы ощущаем только этот мир.

 Форма отдачи и любви, облаченная в нашу материю, называется душой. Именно о ней мы говорим, что она часть Творца, и, в соответствии с ней, мы познаем Творца. Я не познаю Творца – я постигаю свою душу и на основе этого сужу о Нем.

Н. Навон: Это выглядит несколько ограничено.

М. Лайтман: Это ограничено до тех пор, пока мы не исправляем самих себя, но душа каждого должна развиться и достичь своего подлинного размера, и там она не ограничена, она равна Творцу. Каждый должен достичь абсолютного познания Творца.

Н. Навон: Почему Творец создал так много людей, которые не верят в Него, отрицают Его существование, пренебрегают Им?

М. Лайтман: Это мы так оцениваем Его в своих ощущениях. Сказано, что «нет праведника на земле, который бы делал добро и не согрешил», и «не выполнит человек заповедь, если предварительно не нарушит ее», – то есть мы должны пережить все состояния, противоположные Творцу, чтобы познать Его. Преимущество света познается именно из тьмы. Мы должны узнать все противоположные формы, самые скверные, ужасные и эгоистические, пока мы не исправим себя и не достигнем правильной формы. И между этими крайностями, на этом контрасте у нас возникает ощущение большого, объемного постижения.

Н. Навон: Давайте поговорим о человеке, который раскрывает Творца. Что значит, быть в связи с Творцом? Что чувствует человек, что у него есть? У него есть протекция?

М. Лайтман: У него ничего нет.

Н. Навон: Как это у него ничего нет?

М. Лайтман: Он просто работает со свойством отдачи, которое приобрел. И тогда он, конечно, ощущает себя выше этого мира, выше желания насладиться и всего того, что в нем происходит. Он ощущает свою связь со всеми остальными душами, ощущает то, что происходит в них и поэтому он находится выше времени, движения и места. Он не связывает себя с жизнью в этом мире, в котором сегодня он живет, а завтра – умрет. Он постигает непрерывное течение силы отдачи и любви, чувствует неограниченность своей жизни, отожествляет себя с этой силой и находится на одном уровне с ней. У него появляется связь с вечностью.

 Человек, раскрывший Творца, живет в остальных душах в связи и в слиянии с Творцом. И все его цели сводятся к одной: как повлиять на все остальные души (вернее на всех людей, которые еще не ощущают себя душами, то есть отдающей частью) и привести их к отдаче и взаимной любви, благодаря чему в них раскроется Творец. Это будет означать, что Творец раскроется во всем мире.

И благодаря этому человек становится партнером Творца и может делать такие действия, которых Творец делать не может, вернее, избегает их.

Н. Навон: Что это значит?

М. Лайтман: Человек находится в связи с остальными душами в процессе учебы и совместной работы, поэтому он действительно, можно сказать, знакомит творения с Творцом.

Н. Навон: Вы хотите сказать, что есть что-то, чего Творец не может сделать, а человек, который постиг Творца, может?

ЧТО ЗАПРЕЩЕНО ТВОРЦУ

М. Лайтман: Да, поскольку, если это сделает Творец, Он «украдет» у нас свободу выбора, и тогда мы не сможем понять всю реальность. Мы должны постичь действительность сами, своими силами, и поэтому только души, оказывая друг другу взаимную помощь, смогут добровольно, за счет собственных усилий познать всю реальность и Творца. А если это сделает Творец, Он лишит нас какого-то органа, сенсора, свойства, в котором мы раскрываем вечность и совершенство. Высшему запрещено это делать.

Представь себе, что у меня есть ребенок и я хочу его развить. Я даю ему задания, я даю ему сложные игры: «Лего», пазлы, затем задачи по математике и так далее. Я предлагаю ему упражнения для того, чтобы он вырос, чтобы он научился, чтобы он понял. Я не делаю это вместо него. Какой смысл, если я все сделаю вместо него, а он вырастет и не сможет понять мир, в котором живет? Именно поэтому мы должны пройти весь путь самостоятельно.

Н. Навон: Вы можете привести пример какого-то действия, которое выполняет каббалист и которое воздерживается сделать Творец?

М. Лайтман: Творец – это общий свет, который воздействует на решимо, наши духовные гены развития. Творец активизирует этапы нашего развития. Например, вчера весь мир чувствовал себя хорошо, люди были рассеяны по всему миру, занимались бизнесом, все было нормально. И вдруг завтра – кризис. Это, конечно, обусловлено строгой последовательностью программы развития, о которой каббалисты говорили очень давно, тысячи лет назад.

В Книге Зоар сказано, что в конце XX века придет время, когда человечество будет вынуждено выполнить общее исправление, основанное на осознании того, что мы не связаны между собой или связаны неправильно, эгоистически. И этим мы разрушаем мир и самих себя, вплоть до создания таких опасных ситуаций, как войны, нацистские режимы и так далее. Это раскрытие приходит свыше, от Творца. С помощью этого Он продвигает, подталкивает нас, чтобы мы осознали зло, присущее нам, которое не дает нам хорошо жить, и поспешили исправить себя. Это приходит свыше. Но кроме этого, Творец ничего не будет делать. Он будет только способствовать тому, чтобы мы почувствовали себя плохо.

Н. Навон: Только плохо?

М. Лайтман: Только плохо, до тех пор, пока ты не осознаешь, что у этого есть причина и следствие, и не начнешь исправлять себя и соединяться со всеми, пока все не станут как один человек с одним сердцем, как один союз. Нам придется исправить себя, таким образом, и тогда весь мир раскроет Творца и выйдет на духовный уровень.

В таком случае мы не будем чувствовать связи с нашей жизнью и нашим телом, а будем в своих душах ощущать только духовную жизнь. Если мы не хотим сделать это самостоятельно, то до конца шестого тысячелетия, то есть через 230 лет, нам придется сделать это в принудительном порядке. Но если мы поторопимся, то сможем сделать это раньше.

Н. Навон: Так что Творец посылает каббалиста и говорит ему: «Иди и сделай то-то и то-то?»

М. Лайтман: Он посылает каббалиста, и в каждом поколении есть 32 праведника... Есть много путей к Творцу. У Творца в этом мире много помощников, которые выполняют всевозможные действия, помогая обычным людям постигать Цель Творения.

Н. Навон: Говорят, что Творец разговаривает с человеком, описания такого рода мы можем найти в Торе. Что это значит?

М. Лайтман: Это вид раскрытия. Но это не значит, что Его «речь» выражается в виде звуковых волн или в виде изображения, которое воспринимается зрением.

Н. Навон: Какой это вид связи? Если Творец хочет что-то сказать человеку, что Он ему говорит?

М. Лайтман: В свойстве отдачи, приобретенном человеком, он раскрывает силу, действующую в реальности, которая называется Творцом.

Н. Навон: Человек воспринимает Его, как реальную сущность?

М. Лайтман: Он воспринимает Его как сущность, как свой корень, как источник всего существующего, который держит все и связывает души между собой. Он видит, что «нет иного, кроме Него», и вместе с тем, что «Он добр и творит добро». Человек раскрывает в Творце две особенности: что только Он существует и организует все, и что Он «добр и творит добро» для всех.

Н. Навон: Вы сказали, что есть действия, которые выполняет человек, а не Творец. Человек чувствует, что от него хочет Творец, идет и делает это?

М. Лайтман: Конечно! Человек развивается и вследствие своего развития ощущает, что он должен сделать. Перед ним раскрываются различные виды связи с людьми, ему предоставляется возможность помочь им достичь правильной связи между душами, чтобы привести их к исправлению. Все делается только в этом направлении, ведь больше нечего делать в это мире.

Мы должны только достичь исправления и правильной связи между нами, раскрыть Творца, и тогда мы достигнем состояния Бесконечности. А после состояния Бесконечности развитие продолжается, но об этом мы поговорим не в этой программе.

Н. Навон: Связь между каббалистом и Творцом, она непостоянна? Или человек просыпается утром и ощущает Творца, идет спать и тоже ощущает Творца? Он разговаривает с ним постоянно?

М. Лайтман: Примерно с утра и до обеда… (Смеется.) Есть ступени постижения Творца. Но если человек находится во сне, если он спит, то у него нет никакого постижения, он просто живет материальной жизнью. Но как только он пробуждается и начинает работать со своими ощущения и свойствами, он сразу начинает осознавать Божественное. Здесь существует еще много дополнительных нюансов.

ЛЮБОВЬ

Н. Навон: Какие виды связи существуют между ними? Кроме того, что человек ощущает, чего хочет Творец, есть ли в отношениях между ними место для таких переживаний, как гнев, страх, смех?

М. Лайтман: Любовь.

Н. Навон: Только любовь?

М. Лайтман: Что значит, «только»?! В любви есть очень много оттенков и состояний. Иногда это как будто ненависть, иногда – любовь. Каждое явление имеет две противоположности. Иногда связь между ними выражается через слух, иногда – через зрение. Это не зрение и слух в нашем понимании – это уровни постижения. Уровень Бины называется «слухом», уровень Хохма – «зрением» и так далее… Это подобно тому, что сказано про Моисея, и человек проходит все те же этапы, которые Моисей проходил в отношениях с Творцом.

Н. Навон: Что чувствует каббалист, который находится в состоянии раскрытия, если люди, окружающие его, не находятся в этом состоянии?

М. Лайтман: Он чувствует, что они не находятся в постижении, а он находится, но он видит, как через них действует Творец, чтобы приблизить их к раскрытию.

Н. Навон: У него нет ощущения, что он получил что-то, а они нет? У него нет ощущения неудобства из-за того, что он обладает тем, чем не обладают другие?

М. Лайтман: Нет, ведь это замысел и план творения. Человек видит, как собрание всех душ переливается и достигает исправления, как сила Творца – сила отдачи и любви – наполняет все души и постепенно, как заботливая няня, приводит их к соединению между собой. А каббалист участвует в этом, делая все от него зависящее.

Н. Навон: Если Творец – это сила, которая наполняет всю реальность, значит ли это, что Он говорит и с теми, кто Его не постигает?

М. Лайтман: Да, но кто это слышит?

Н. Навон: Чего нам не хватает, чтобы услышать?

М. Лайтман: Нам не хватает подобия свойств: «как Он милосерден, так и ты будь милосерден». Ты должен достичь какой-то меры отдачи ближнему, чтобы начать постигать Творца.

 Когда ты достигаешь любви к ближнему, ты достигаешь и любви к Творцу.

Н. Навон: Что бы Он нам сказал, если бы нам удалось понять и услышать Его?

М. Лайтман: «Дети мои, я жду вас!»

Н. Навон: Что это значит?

М. Лайтман: «Я жду, что вы станете по свойству такими же, как Я, и мы достигнем слияния» – нет ничего больше.

Давайте поторопимся.

Любовь

Беседа тринадцатая,
на вечную тему о силе любви,
несущей страдания и смерть.
Мы узнаем об одном
совершенно явном ощущении,
в котором нет сомнения,
и о том месте встречи с Творцом,
которое нельзя изменить.

СОБЕСЕДНИК ИЛЬЯ ВИНОКУР

И. Винокур: Сегодня я хотел бы поговорить с Вами о любви.

М. Лайтман: О любви? Ну что ж, попробуем…

И. Винокур: Мой первый вопрос: почему, как только мы произносим слово «любовь», сразу же возникает особая атмосфера? Оно создает в каждом человеке…

М. Лайтман: Какую-то близость, интимность, уединение.

И. Винокур: Почему это так? Что такое любовь? Почему всем хочется любви? Почему каждый человек приходит в волнение, услышав это слово?

М. Лайтман: Любовь – это поистине волшебное слово. Ведь если кто-то любит меня, я могу позабыть о своих ощущениях, не думать о себе, я просто могу передать себя в его руки. Любовь аннулирует эгоизм. Если кто-то любит меня, мне больше ничего не нужно делать. Достаточно, что он так относится ко мне, и я чувствую себя уверенно и хорошо.

И. Винокур: Из-за этого все стремятся к любви?

М. Лайтман: Со стороны эгоизма.

А с другой стороны, желание отдавать, дарить и любить вызывает в нас иное стремление: любить ближнего, любить другого. Это уже особые состояния.

Есть также естественная любовь матери к ребенку. Есть любовь, основанная на гормонах, генах. Есть любовь между родственниками. Есть любовь к родному народу, к миру. Любят животных. Любят вегетарианскую пищу.

И. Винокур: Искусство, машины, футбол…

М. Лайтман: Вопрос – что такое любовь?

 Согласно науке каббала, любовь означает, что я поднимаюсь над своим эгоизмом, без всякого собственного расчета, когда мне не важно, выиграю я на этом или проиграю, и облачаюсь в другого, в его желания, во все, к чему он стремится, и полностью посвящаю себя тому, чтобы наполнить его желания и стремления.

И. Винокур: Подождите. Вначале мы говорили о том, что если мы произносим слово «любовь», то каждый испытывает волнение. Вы сказали, что это волшебное слово, и объяснили, что если меня любят, то мне спокойно, безмятежно, и я ни о чем не беспокоюсь.

М. Лайтман: Да. Так должно быть.

И. Винокур: Но это – когда любят меня…

М. Лайтман: Посмотрите, как надежно чувствует себя младенец на руках матери. Он ничего не знает, не умеет и даже не должен знать. Ее естественная любовь окутывает его, оберегая от всего.

И. Винокур: Поэтому все стремятся быть любимыми. Верно?

М. Лайтман: С одной стороны, мы хотим оставаться в том же состоянии уверенности и любви на протяжении всех лет нашего существования в этом мире.

И. Винокур: И эта любовь – желание, чтобы кто-то любил меня…

М. Лайтман: Верно.

И. Винокур: Затем Вы начали говорить о любви в обратном направлении, когда я буду любить кого-то.

М. Лайтман: Да.

 Любовь – это наполнение. Самое большое, бесконечное, неограниченное наполнение. Если кто-то действительно любит меня, я чувствую, что он готов ради меня на все. И это наполняет меня. А если я тоже люблю кого-то, то с моей стороны должно быть такое же отношение: я готов на все, чтобы оберегать и наполнять его.

И. Винокур: Но откуда во мне возникнет такое желание? Я хочу, чтобы любили меня.

М. Лайтман: Верно. Любовь может пробудиться естественно: в нас от природы заложено такое стремление. Природа пробуждает в нас такое отношение к потомству, иногда даже друг к другу, к семье, к близким, к своей стране. Иногда такое отношение возникает, иногда нет, в зависимости от уровня нашего эгоизма, от его характера в каждом из нас.

Но мы стремимся к любви, поскольку она находится выше нашей природы.

И. Винокур: Любить!

М. Лайтман: Да. Любить – означает забыть о себе, подняться над собой, облачиться в ближнего, ощутить, чего он желает, и вместо того, чтобы он заботился о себе, как заложено в природе каждого человека, я позабочусь о нем.

И. Винокур: Вы говорили, что в двух разных ситуациях человек забывает о себе. Если я люблю тебя, ты можешь позабыть о себе, потому что я даю тебе ощущение уверенности.

М. Лайтман: Верно.

И. Винокур: А если ты любишь, это тоже дает тебе ощущение уверенности? В таком состоянии ты тоже можешь позабыть о себе?

М. Лайтман: Да.

И. Винокур: Но почему? Ведь это вроде бы наоборот…

М. Лайтман:

В духовном мире это так. Если я люблю и наполняю тебя, – это действие наполняет и меня. Возьми пример с матерью и ребенком. Хотя это естественная, эгоистическая любовь, но какое наслаждение мать получает от того, что наполняет ребенка! Ей больше ничего не нужно.

И. Винокур: Поэтому женщина хочет иметь детей? От природы?

М. Лайтман: Да. Это уже результат. Но если говорить о категории любви, о ее определении, то любовью называется такое чувство, когда кто-то – любящий или любимый – поднимается над своей природой и потому пребывает в неограниченном, бесконечном состоянии, без всяких помех, без власти одного над другим. И потому это совершенно особое состояние.

Любовь – это действительно волшебное слово. Оно говорит нам о том, что существует ощущение выше нашей ограниченности, выше всех тревог и забот.

И. Винокур: Что значит – выше нашей ограниченности?

М. Лайтман: Выше жизни.

Любовь проистекает из той силы, которой было создано все мироздание.

И. Винокур: Что это значит?

М. Лайтман: Любовью Творца, Доброго и Творящего добро, Его желанием отдавать и любить был создан человек, чтобы привести этого человека к состоянию, в котором и он тоже смог бы и любить, и принимать любовь.

 Любовь – это цель творения.

Написано: «Возлюби своего Творца». Эти слова вроде бы непонятны нам, будто бы имеют отношение только к религиозному человеку. Но это неверно. «Возлюби ближнего своего, как самого себя», «любовь к ближнему» – во всех этих наивысших состояниях, о которых рассказывает Тора или наука каббала, говорится о любви.

И. Винокур: Что значит «возлюби своего Творца»?

М. Лайтман: «Возлюби своего Творца» означает, что мы достигаем состояния, в котором ощущаем Творца. Именно ощущаем! Ведь невозможно любить того, кого мы не чувствуем. Я не могу любить какой-то воображаемый образ, о котором мне рассказывали.

Как наука каббала объясняет понятие любви? Я знаю: все, что приходит ко мне от Него. Я оправдываю Его на все сто процентов, видя все Его действия по отношению ко мне.

Если во всех, абсолютно всех действиях Творца, которыми Он создал меня и управляет мной изнутри меня и снаружи, если во всех этих действиях я раскрываю Его бесконечную любовь ко мне, тогда я достигаю любви к Нему.

«Возлюби своего Творца» означает: познай всю действительность, познай Творца, Его отношение к тебе, раскрой все, – и знаком такого раскрытия будет твоя любовь к Нему, когда ты полюбишь Его так же, как Он любит тебя.

И. Винокур: Это будет результатом? После того, как я раскрою все, я почувствую любовь к Творцу?

М. Лайтман: Да. Только лишь таким образом.

И. Винокур: Как я могу все раскрыть?

М. Лайтман: Изучая науку каббала, мы начинаем раскрывать этот мир и, за всеми его рамками, обнаруживаем Высший мир, более внешний. Мы пребываем здесь в некой оболочке, в сфере, называемой «этот мир», который полностью управляется извне.

Я хочу прорваться из этого мира наружу, раскрыть, почему я существую, кто я такой, откуда пришел в этот мир, в чем смысл моей жизни, кто управляет мной, под воздействием каких сил я нахожусь, каково мое будущее, почему я сейчас так думаю. Короче говоря, я хочу раскрыть все, что происходит со мной и со всем миром, хочу понять, почему это так.

Всеобщий кризис тоже обязывает меня к этому, мои страдания и опустошенность также толкают меня к раскрытию. Я обнаруживаю, что все вынуждает меня раскрыть Его. Желая раскрыть Его, я прихожу к науке каббала.

Поэтому сейчас в нашем мире, в нашем поколении множество людей приходят к науке каббала. И когда они открывают Книгу Зоар, «Учение Десяти Сфирот», книги АРИ, «Древо жизни» – первоисточники, которые мы изучаем, – то с помощью этих каббалистических книг они раскрывают действия Творца.

Раскрывая действия Творца, они начинают ощущать их. У них уже появляется ощущение: «кто-то управляет мной, кто-то приводит меня в действие, кто-то так относится ко мне, как написано: «Кто стоит за нашими стенами?».

И. Винокур: И тогда возникает любовь к Нему?

СИЛА ЛЮБВИ, НЕСУЩАЯ СТРАДАНИЯ И СМЕРТЬ

М. Лайтман: Пока еще нет. Нужна большая работа, чтобы познать Его действия, чтобы из Его действий узнать, что Он любит меня. Прежде всего, я начинаю познавать, что Он властвует во всем этом мире. Я смотрю на все происходящее в этом мире, и мне не кажется, что это хорошо, что это идет мне во благо.

Но когда я вхожу глубже, чтобы раскрыть Его отношение, то начинаю видеть, что Он специально делает мне так, чтобы пригласить меня, привлечь к Себе, связаться со мной или оттолкнуть, уколоть меня, подталкивая в одном и том же, единственном направлении.

И. Винокур: Куда Он хочет пригласить меня?

М. Лайтман: Познать Его.

И. Винокур: И кто же Он?

М. Лайтман:

 Я раскрываю, что Творец – это сила любви. И именно из своей абсолютной любви Он причиняет нам такие большие страдания, осложняет всю жизнь, приносит смерть, войны и все самое ужасное только лишь для того, чтобы поднять нас над этой жизнью, и чтобы мы смогли познать Его правильные действия и обрести с Ним связь.

И. Винокур: Сила любви осложняет нам жизнь всеми бедами?

М. Лайтман: Верно.

И. Винокур: Почему? Разве так поступают с тем, кого любят?

М. Лайтман: Потому что свет познается из тьмы. Мы специально созданы из эгоизма, из эгоистического желания получать, наслаждаться, все время притягивать к себе, чтобы на основе этого материала, этого свойства получать, наслаждаться, раскрыть противоположное свойство.

И. Винокур: Что значит, противоположное? Что плохого в том, чтобы наслаждаться?

М. Лайтман: Наслаждаться не плохо. Проблема в эгоизме. Я хочу наслаждаться тем, что я выше всех, что я использую всех.

И. Винокур: Потому что я люблю только себя?

М. Лайтман: Потому что я люблю только себя.

И. Винокур: Значит, наша проблема – любовь к самим себе? Это Вы хотите сказать?

М. Лайтман: Да.

Вместо того чтобы любить самого себя, я должен начать ощущать, как эта любовь разрушает меня, ограничивает меня, как я ненавижу всех и, тем самым, остаюсь пустым. И тогда, в противовес этому, я начну познавать любовь вне себя, понимать, что можно «возлюбить ближнего, как самого себя», хотя раньше все время думал, что это просто красивые слова, которые используют все, кому не лень…

И. Винокур: На самом деле все говорят об этом, а не только наука каббала, все твердят: «Возлюби ближнего, как самого себя». Все молодежные движения во всем мире, все религии, все методики – все говорят о любви к ближнему...

М. Лайтман: Но никто не может это осуществить.

ЭТО НЕ ЛЮБОВЬ?

И. Винокур: Что это значит?

М. Лайтман: Потому что у них нет силы любви.

И. Винокур: Почему? Они любят. Есть организации, помогающие в больницах, есть добровольные помощники во всех областях жизни. Они действуют из любви.

М. Лайтман: Все это в рамках нашего мира. Мы называем это любовью, хотя на самом деле это не любовь, ведь они действуют только из эгоизма. Только лишь из эгоизма! Так же я люблю своих детей, свою семью, близких.

И. Винокур: Да. Но там люди отдают другим и любят чужих людей...

М. Лайтман: Даже отдают свою жизнь за родной народ и еще неизвестно за что. Люди достигают больших высот и совершают великие дела, поскольку все это идет в одном направлении, вместе с их эгоизмом.

И. Винокур: Солдат отдает свою жизнь в бою за своих товарищей...

М. Лайтман: Это известно всем, в том числе и армейским психологам. Ты можешь их спросить. Все это исходит из его эгоизма.

И. Винокур: Значит, все это делается из любви к самому себе?

М. Лайтман: Да.

И. Винокур: Но что он этим выигрывает? Он отдает свою жизнь – и кончено.

М. Лайтман: Свое собственное «Я». Эгоизм, стремящийся утвердить свое «Я», толкает его совершить этот поступок, даже если его убьют.

И. Винокур: Даже если его убьют...

М. Лайтман: Да. Это известно всем. В этом нет никакой тайны. Во всех армиях мира есть люди, воспитывающие в солдатах такое чувство.

И. Винокур: Ценность, значимость?

М. Лайтман: Разумеется.

И. Винокур: Давайте оставим эту тему. Вы сказали, что вся известная нам любовь исходит из любви к самому себе? Вся преданность души, все доброе отношение к ближнему исходит из любви к себе?

М. Лайтман: Мы даже обнаруживаем, что это исходит также из генов и гормонов, из всего существующего в нас. В конечном счете, человек так действует потому, что получает от этого какую-то пользу. Так он себе представляет.

И. Винокур: Хорошо. Но до этого Вы сказали, что цель всего нашего существования раскрыть силу любви, которая управляет нами, приводит нас в действие, причиняет нам все страдания, чтобы мы раскрыли Ее.

М. Лайтман: Да.

Жизнь специально показывает нам, что в эгоистическом свойстве не может быть любви. В конечном счете, это лишь использование ближнего, использование окружения, чтобы возвысить свой эгоизм.

И. Винокур: Я помогаю старушке перейти дорогу…

М. Лайтман: И это тоже эгоистически. Что бы ты ни сказал… Ты можешь даже спросить психологов, а не меня, и они расскажут тебе, что ты находишься под беспредельной властью эгоизма.

И. Винокур: Значит, если бы я не чувствовал в этом собственной выгоды, я бы этого не делал…

М. Лайтман: Ты бы не делал, и не смог бы ничего сделать.

Если все мы созданы из эгоистического материала – желания получать, желания наслаждаться, – то я обязан видеть выгоду.

И. Винокур: Как же выйти из этого замкнутого круга? Если Вы говорите, что я делаю все лишь для собственной выгоды, то как можно выйти из этого круга и прийти к бескорыстной любви?

М. Лайтман: Прежде всего, мы должны подняться над своей природой.

И. Винокур: Как?

М. Лайтман: Мы должны это сделать. Иначе это не будет любовью. Иначе это всегда будет любовь к самому себе. Мы должны подняться над ней и тогда сможем достичь любви к ближнему. Любовь к ближнему или любовь к Творцу это одно и то же: любовь ко всему, что находится вне нас.

Как это сделать? Только лишь с помощью науки каббала.

И. Винокур: Но почему? Почему только лишь с помощью науки каббала? Что в ней есть? Какую метаморфозу человек претерпевает благодаря этой науке?

М. Лайтман: Она раскрывает нам ту самую силу любви со стороны Творца. Я начинаю видеть, ощущать все те действия, которые Творец надо мной совершает, я начинаю чувствовать, что они приходят от Него, я начинаю понимать, в какой форме они приходят, с каким намерением, что именно они должны во мне сделать, к чему Он хочет привести меня.

Так же чувствует себя маленький ребенок, когда, с одной стороны, мать кричит на него, а с другой стороны, он вдруг обнаруживает, что она кричит на него, потому что любит его, хочет для него что-то сделать, желает, чтобы он поднялся, стал другим и так далее. Она делает это ему во благо, оберегая его таким образом.

И. Винокур: В моих отношениях с Творцом, с этой силой, которая управляет мной и приводит меня в действие, – где там находится ближний? Где здесь любовь? Есть тут какой-то треугольник отношений: я, ближний и Творец? А любовь – это некая общая оболочка?

М. Лайтман: Ты немного забегаешь вперед. До этого ты спрашивал, как человек может подняться из любви к самому себе. Наука каббала раскрывает нам всю картину отношения к нам Творца, и тогда мы видим, что все сделанное Им для нас, в сущности, нам во благо. Ты должен увидеть это, ощутить и понять.

И. Винокур: Где я увижу и почувствую это?

УЧЕБА И НАУКА КАББАЛА, ИЛИ ОДНО СОВЕРШЕННО ЯВНОЕ ОЩУЩЕНИЕ, В КОТОРОМ НЕТ СОМНЕНИЯ

М. Лайтман: В своем внутреннем органе ощущений ты начинаешь это раскрывать. Изучая науку каббала, ты начинаешь видеть силу, стоящую за картиной этого мира. Учеба приносит тебе такое ощущение, совершенно явное, в котором нет сомнения. Ты начинаешь ощущать, а не представлять в своем воображении, что за этим миром стоит одна единая сила, Творец, которая управляет всем и относится к каждому созданию только с любовью. И весь этот мир полностью пребывает в любви.

И. Винокур: Хорошо. И что теперь происходит?

М. Лайтман: Поскольку ты раскрываешь это отношение, то оно само – эта сила любви – начинает воздействовать на тебя так, что ты тоже хочешь подняться над своим эгоизмом и достичь взаимности. Любовь обязывает тебя.

И. Винокур: Достичь взаимности с кем?

М. Лайтман: С этой силой.

И. Винокур: Любить ее?

М. Лайтман: Да. Раскрытие этой силы пробуждает в тебе такое же желание любить ее. Тогда впервые ты начинаешь понимать, что такое любовь. Ведь все, что ты думал о любви раньше, в этом мире, – это не любовь, а желание наполнить себя и наслаждаться.

И. Винокур: А что сейчас?

М. Лайтман: А сейчас ты начинаешь понимать, что называется любовью, когда ты поднимаешься над своей первичной природой, над своим эгоизмом, и начинаешь относиться к той самой силе любви так же, как она относится к тебе, если можешь так относиться. Ты начинаешь ощущать, что обязан это делать, иначе тебе будет стыдно, трудно, неудобно, ты впервые чувствуешь дополнительную потребность – желание любить.

Тогда ты начинаешь понимать, что любовь это когда ты поднимаешься над собой, забываешь о себе, желаешь жить в Нем, и наполнить все, чего Ему не хватает, все Его пустоты и желания. Вместе с тем ты начинаешь раскрывать, каким образом это можно сделать, и тогда обнаруживаешь, что, кроме тебя, есть тут и другие люди, связанные в систему душ, желаний, и если ты будешь относиться к ним с любовью, именно в них ты встретишься с Творцом.

Поэтому говорится: «От любви к ближнему – к любви к Творцу». Ведь ты не можешь выразить свою любовь к Творцу напрямую. После того, как ты ощущаешь исходящую от Него силу любви и чувствуешь в себе желание относиться к Нему так же, после этого ты ищешь, с помощью каких средств можешь этого достичь. И тогда эти средства перед тобой – другие люди.

МЕСТО ВСТРЕЧИ С ТВОРЦОМ В ДУШАХ ДРУГИХ ЛЮДЕЙ

И. Винокур: Что мне делать со всеми этими творениями?

М. Лайтман: Ты ничего с ними не делаешь. Они не должны знать об этом.

Есть особое упражнение: ты просишь силы свыше у той самой силы любви, у Творца, чтобы подняться и установить связь с каждой душой, со всеми, ощутить, как Он любит их, какой Он добрый по отношению к ним, как Он наполняет их. И тогда ты учишься у Него, как нужно любить. И когда ты относишься к ним с любовью, ты встречаешься в них с Творцом.

И. Винокур: Вы идете по улице, вокруг Вас движутся люди. Как каббалист Вы ощущаете любовь к окружающим Вас?

М. Лайтман: По правде говоря, я не вижу людей.

И. Винокур: Что это значит?

М. Лайтман: Я не вижу на улице людей. Я просто иду, куда мне нужно. Я не сталкиваюсь с людьми, я почти не вижу их перед собой.

И. Винокур: Но, что же Вы видите?

М. Лайтман: Я не отношусь к ним просто как к людям.

И. Винокур: Тогда как?

М. Лайтман: Я смотрю на всех этих людей, как на средства для того, чтобы достичь подобия свойств с Творцом.

И. Винокур: Достичь любви?

М. Лайтман: Любви. Но окружающие меня не должны знать об этом, им не нужно чувствовать от меня такое отношение, ведь я не обязан действовать перед ними открыто. К тому же это показалось бы им странным. Свойство любви, которое мы раскрываем от Творца, проявляется только относительно душ.

Я делаю все, на что только способен, для душ людей, для их вечной части, чтобы они быстрее развивались, чтобы у них были средства для правильного развития.

И. Винокур: Сейчас мы сидим по обе стороны стола, между нами расстояние в полметра. Вы каббалист. Вы любите меня? Что сейчас происходит?

М. Лайтман: Я не знаю, что значит любить тебя. Любить руки, ноги, лицо, улыбку? Что значит любить? Это называется любовью к рыбе, когда я люблю ее есть. Я люблю внешний вид или вкус, который ощущаю? Я могу любить людей при условии, что вижу в них….

И. Винокур: Сейчас, сейчас! Сейчас мы с Вами сидим по обе стороны стола. Как эта любовь, о которой мы все время говорили в нашей беседе, воплощается в действие сейчас, в этой ситуации?

М. Лайтман: Сила любви обязывает меня делать для тебя все хорошее, на что я способен. Хорошее означает, что ты тоже достигнешь осознания Творца, духовного.

Ведь нет ничего большего, и нет ничего меньшего. Или осознание Творца, и тогда человек чувствует себя хорошо, ощущает себя наполненным, пребывает в отдаче, любви, в мире Бесконечности, чувствуя себя неограниченным, вечным и совершенным, или же он ощущает себя в отрыве от Творца, во всем зле, которое только можно ощутить в нашем мире.

Или одно, или другое. Или связь с Творцом, или отрыв от Него.

Но это явная связь, а не вера в то, что тебе рассказывали. Это раскрытие реальности, когда ты начинаешь видеть, что происходит за ней. Если ты достигаешь этого, то наполняешься вечной, неограниченной силой, любовью. И это наполняет тебя на все сто процентов.

Поэтому каббалист, ощущая силу Творца, действующую во всем мироздании, чувствуя Его отношение ко всем, желает принять в этом участие. Ведь тем самым он показывает Творцу, насколько любит, понимает и ценит Его, насколько тесно связан с Ним. Можно сказать тут тысячи слов. Короче говоря, он поневоле действует сейчас точно так же по отношению к другим людям, вернее, к их душам, а не к телам. На тела он, как раз-таки, не обращает внимания.

И. Винокур: Так это любовь?

М. Лайтман: Это истинная любовь, поскольку мы действуем по отношению к вечной части, существующей в человеке, желая развить ее и наполнить. И если своей работой над ним мы даем человеку такое ощущение, такую возможность, и он начинает ощущать эту вечную часть, то тем самым упорядочивает свою жизнь так, что она становится самой безопасной, безмятежной – и он доволен.

Первая любовь

Беседа четырнадцатая,
продолжающая вечную тему.

СОБЕСЕДНИК НИВ НАВОН

Н. Навон: Тема нашего разговора сегодня очень волнующая, запутанная и даже, я бы сказал, интригующая. Это тема первой любви. Мне известно, что у Вас есть какая-то очень интересная история первой любви. Расскажите, пожалуйста.

М. Лайтман: Откуда Вам это известно?

Н. Навон: Из одной из Ваших бесед.

КАББАЛИСТЫ ТОЖЕ ВЛЮБЛЯЛИСЬ?

М. Лайтман: Да, я был обычным светским молодым человеком. В возрасте 13-14 лет влюбился в ровесницу. Любовь оказалась безответной. Через несколько лет я уехал из Витебска, небольшого города, в котором родился и жил. Уехал в Ленинград и там начал учиться в университете. Все годы, будучи студентом, я возвращался в мыслях к той девушке, несмотря на новые дружеские связи и студенческую жизнь. Я даже писал ей, что готов бросить все, вернуться в Витебск и жениться. Было что-то, связанное с этим человеком, что жило внутри меня все время. Когда я закончил учебу и начал работать в Ленинграде, появилось желание эмигрировать в Израиль. Но поскольку из Ленинграда это было очень трудно сделать, то я вернулся в Витебск в надежде получить разрешение на выезд оттуда. Мне пришлось побыть какое-то время «отказником». Так вот, когда я приехал в Витебск, она уже была замужем. И тогда я женился на другой девушке, которая была согласна вместе со мной эмигрировать и пройти все трудности, связанные с этим. В 70-е годы этот процесс действительно был очень непростым. Через год после свадьбы у нас родился сын. Из Белоруссии нам не удалось получить разрешение на выезд, поэтому мы перебрались в Литву и уже оттуда смогли эмигрировать.

Мы вернулись как раз во время войны Судного дня. Здесь началась новая жизнь, и через несколько лет мне стало известно, что та женщина с мужем и сыном тоже приехала туда, и мы встретились. Затем мы иногда перезванивались, она жила на севере страны. Между нами сохранялись отношения, как между близкими людьми. Впоследствии она умерла от рака. Я, конечно, переживал, и до сих пор я ощущаю какую-то связь с ней, несмотря на то, что, кроме того первого чувства, между нами ничего не было. Здесь ведь дело совсем не в человеке, к которому появляется такое чувство.

Н. Навон: А в чем же? Что это такое?

М. Лайтман: Дело не в человеке. Когда мы влюбляемся, мы ведь по-настоящему не знаем объекта нашей любви. Даже если затем мы понимаем, что человек совсем не такой, каким он нам представлялся, чувство не проходит полностью. Всегда остается какой-то след. Я думаю, что это дается нам природой для того, чтобы мы ощутили на себе, что есть такие отношения между людьми, которые не определяются гормонами и не обязательно связаны с половым влечением.

 Влюбленность – это просто потребность в особой связи с другим человеком.

И это чувство когда-то посещает почти каждого из нас.

Это очень интересное явление, и мне кажется, что оно является своеобразной подготовкой к настоящей любви, которая не зависит от полового влечения, не ищет никакой выгоды и не делает вообще никаких расчетов.

Настоящая любовь – это непреодолимое желание связи, которое от нас не зависит.

Н. Навон: Эта любовь появляется независимо от нас?

М. Лайтман: Конечно, ведь в этом возрасте человек еще ничего не знает о любви, это чувство рождается внезапно, как будто приходит ниоткуда, и завладевает им.

Н. Навон: Да, я помню, что я не знал, как с самим собой совладать.

М. Лайтман: Совершенно верно. Так человеку показывают, что существует связь, которая не зависит от него самого. И это должно правильно подготовить его к связи с Высшей силой.

 Все физические тела – это лишь одеяния Творца. И во всем, что кажется нам привлекательным, есть крошечный отблеск Высшего света, который и притягивает нас.

Это маленькое свечение может быть и в людях, и в неживых объектах.

Поэтому я могу сравнить чувство первой любви только с ощущением человека при его первом соприкосновении с Высшей силой. Тогда человек чувствует, что какое-то огромное поле, безграничное облако вдруг с необыкновенной теплотой и любовью обволакивает его.

Это ощущение – так же, как и первая любовь, – приходит внезапно и дает человеку ясно почувствовать, что значит быть по-настоящему любимым.

Н. Навон: Какое отношение это вызывает в человеке?

ФЛИРТ ТВОРЦА

М. Лайтман: Я думаю, что в первый раз он не в состоянии осознать этого. Он только находится в этом ощущении. Ему даже кажется, что оно останется с ним навсегда. Но это проходит. Постепенно в течение нескольких дней ощущение ослабевает и исчезает. Затем уже нужно осознанно прикладывать усилия для того, чтобы снова почувствовать любовь Творца. И эта любовь уже будет ощущаться по-другому, так как она примет другие формы, как бы оденется в более конкретные объекты. Она уже не проявится в виде того согревающего и приятно обволакивающего облака, несущего ощущение тепла и защищенности наподобие того, как плод в чреве матери окружен и защищен плодными водами.

Н. Навон: Вы можете описать, что происходило с Вами в те три дня, когда пришло это первое ощущение Высшей силы и проявилось ее отношение к Вам? И какая связь между этим ощущением и первой любовью?

М. Лайтман: Я лично продолжал обычную жизнь. Единственная особенность, что человек не находит в себе силы никому об этом рассказать. Он как будто полностью закрывается и хранит это в себе. Я помню, что приходил на работу в поликлинику, ездил на учебу к своему учителю, РАБАШу, и делал какие-то еще работы, но при этом постоянно присутствовало ощущение, что ты в объятиях Высшей силы.

Н. Навон: И что происходит?

М. Лайтман: Ничего. Как и в первой любви.

Н. Навон: Какая связь между этим ощущением и первой любовью?

М. Лайтман: Это ощущение проходит.

Н. Навон: Но такое событие наверняка оставляет глубокий след, впечатление, какую-то духовную запись?

М. Лайтман: И впечатление проходит. Ты забываешь об этом. Ведь если не забываешь, то как будто приобретаешь какое-то подтверждение от Творца, что Он тебя любит, а это плохо.

Любовь Творца нужно заслужить.

За нее надо заплатить. Ты должен раскрыть свою любовь к Нему для того, чтобы получить взамен Его любовь. Это так же, как и между людьми, то есть, как должно быть между людьми. К сожалению, так не происходит. Но в отношениях с Творцом это именно так.

 Творец скрывает от нас свою любовь.

Представь себе, что я раскрываю перед тобой свою любовь к тебе. Эта любовь дает тебе силы, ощущение защищенности – я готов предоставить тебе все, что ты пожелаешь. Представил?

Н. Навон: Да.

М. Лайтман: А сейчас представь, что я тебя оставляю…

Это примерно такое ощущение, что-то наподобие флирта, игры. Оно необходимо для того, чтобы ты понял и осознал, какой Он, прочувствовал Его доброту, убедился, что нет ничего в мире лучше Его. Тогда ты готов платить за эту любовь, а цена – твое отношение к Нему.

Зачем Творцу это нужно, ведь Он совершенен? Таким путем Он хочет поднять тебя на более высокую ступень. Через раскрытие и скрытие он начинает играть с тобой, а ты в этой игре растешь.

 У Творца нет другой возможности приблизить нас, кроме как постоянными изменениями в Его к нам отношении.

Затем эти взаимоотношения сменяются другими. Ты уже чувствуешь, как Он действует в тебе, как ты к Нему относишься, между вами появляется своеобразный диалог. Ты раскрываешь даже чисто механически все движения и воздействия различных видов Света в сосуде, их ударное взаимодействие. Ты уже начинаешь явно ощущать все это.

Н. Навон: Это любовь? Все эти понятия воспринимаются как чисто механические и не связанные с чувством.

М. Лайтман: Даже когда ты читаешь какой-то текст из «ТДС», который кажется тебе совершенно сухим, ты внутри себя проживаешь все то, о чем читаешь. И чувства эти очень сильные, настоящие жизненные драмы, в которых бьет мощный пульс жизни. Например, впервые соприкасаясь с теплым облаком и ощущая, что оно наполняет весь мир добром, и нет ничего, кроме него и этого добра (это называется раскрытием света Шхины), испытываешь очень сильные чувства. Когда вдруг ясно видишь, что все наши земные дела, все, что кажется важным и необходимым, исходит от этой силы, то это огромное открытие для человека, и это производит сильное впечатление. Но насколько бы сильным оно не было, последующие – в миллиард раз сильнее, а может быть, и еще больше.

Если первая земная любовь обычно не имеет продолжения, то в духовном после первого раскрытия Высшей силы мы затем вновь возвращаемся к Ней, – и ощущения слияния усиливаются в бесконечное множество раз.

Н. Навон: Вы говорили о том, что отношение Творца к нам распространяется на всех. Но вместе с тем, человек при этом первом ощущении закрывается и хранит свое знание в себе. Получается, что человек раскрывает для себя то, что существует для всех?

М. Лайтман: Да.

Н. Навон: Каким образом?

М. Лайтман: Мы и сейчас находимся в этом.

Н. Навон: Да, но в реальности мы так не чувствуем.

М. Лайтман: Кто-то чувствует, кто-то – нет. Это не мешает нам ощущать себя свободными, и кроме того, есть еще силы, которые на нас воздействуют, и Творец, вмещающий в себя все.

Н. Навон: Как это облако воздействует на нас?

М. Лайтман: Творец хочет приблизить все творения к себе и сделать так, чтобы Его узнали. Для того чтобы это произошло, творение должно сравняться в свойствах с Творцом, то есть приобрести Его свойства. Это облако дает нам почувствовать, насколько безгранична любовь Творца ко всем нам, и дает нам пример, как можно любить ближнего. Научившись такой любви, мы придем к любви к Творцу. Когда же наступит полное раскрытие Творца, тогда мы сможем почувствовать всю полноту связи с Ним и Его любовь.

Н. Навон: Но как это раскрывается? Ведь обычный человек так не ощущает.

М. Лайтман: Насколько ты сможешь «выйти из себя», выработать в себе хорошее отношение к ближнему, настолько раскроешь.

Н. Навон: Сейчас мы сидим здесь, происходит съемка, вокруг нас люди. Как Вы их видите в этом розовом облаке, через которое Творец воздействует на них?

М. Лайтман: Все те физические действия, которые ты выполняешь, – результат силы, исходящей из Творца. Он оставляет тебе только маленькую точку свободы выбора, о которой мы говорили в предыдущей беседе.

Эта точка – всего лишь твое отношение к Нему, желание обратиться к Нему, приблизиться.

Человек начинает чувствовать и реализовывать эту точку в себе, когда страдает.

Поэтому Творец целенаправленно дает нам страдания, чтобы пробудить в нас желание искать Его. Так мы продвигаемся. Есть люди, которым достаточно небольших страданий, чтобы начать искать своего Создателя, и они достигают Его. Но есть упрямцы, которые должны пройти более длинный и тяжелый путь, прежде чем начнут думать о том, что есть причина их страданий. Поэтому мы сегодня пришли к глобальному кризису. Цель распространения науки каббала – объяснить людям, в чем истинная причина кризиса, рассказать, что это не просто падение каких-то банков, а проявление общей, глобальной силы, которая так воздействует на нас, чтобы пробудить в нас желание раскрыть Ее.

Н. Навон: Допустим, я хочу продвигаться вперед не через страдания, а под впечатлением этого первого ощущения любви, сильного положительного импульса. Как это сделать?

М. Лайтман: Все каббалисты пишут, что необходимо найти среду, которая будет правильно влиять на тебя. Среда должна помочь тебе найти правильный путь. Это так же, как и в обычной жизни. Если оставить ребенка расти в лесу, он вырастет с повадками дикого животного. Среда, в которую помещен маленький человек, влияет на его формирование. Человек должен найти такую среду, которая поможет ему, живя обычной жизнью, не терять из виду и все время быть сфокусированным на главную цель – поиск силы, приводящей в действие весь мир. Находясь в такой среде, у него есть реальная возможность раскрыть эту силу достаточно быстро. Осуществив это и находясь в осознаваемой связи с Творцом, человеку уже станет совершенно ясно, как ему нужно организовать свою жизнь, и тогда он сможет ощутить совершенную любовь. Высшая ступень развития – это совершенная любовь, и к этому мы должны прийти. После первого раскрытия любви Творца мы осознанно стремимся к этому ощущению, зарабатываем его своими усилиями и возвращаемся к безграничному облаку любви.

Н. Навон: Вы говорили о том, что по силе последующие ощущения Творца в миллиард раз сильнее самого первого. Почему сила ощущения так сильно возрастает?

М. Лайтман: Мы усиливаем ее своим поиском и желанием. Ведь все зависит от силы желания. Чем сильнее жажда, тем вкуснее вода.

Также и с тем первым ощущением, когда находишься внутри облака, а точнее, тумана, который окутывает весь мир. Чем больше твое желание к нему, чем больше усилий ты прилагаешь, чтобы снова почувствовать его, тем сильнее впечатление от встречи.

Поэтому Творец только дает нам немного попробовать Его любовь, а затем скрывается и ждет, чтобы мы сами своими усилиями раскрыли Его, и тогда сила нашего ощущения будет точно соответствовать мере Его любви.

Только если человек разовьет в себе страстное желание чего-либо, его ощущения от встречи с объектом вожделения будут действительно сильными.

Сказано: «Сладок сон трудящегося», – то есть после трудного рабочего дня сон особенно сладок, поэтому и сила ощущений возрастает во много раз.

Так что любовь в духовном – это совсем не то, что мы в этой жизни чувствуем и называем любовью. В земной жизни мы испытываем разочарования в любви. А в духовном, наоборот, чем больше продвигаемся, тем больше раскрывается связь с Источником.

Н. Навон: Это звучит многообещающе. Можно усилить ощущение с помощью собственного страстного желания?

М. Лайтман: Именно сила этого желания и увеличивает ощущение.

Первоначальное желание к слиянию дается Творцом, а увеличить, развить его, довести до страстного – в этом и состоит цель всей игры Творца с нами. Он вновь и вновь отдаляется от нас для того, чтобы мы снова и снова смогли ощутить в себе жажду встречи с Ним.

Н. Навон: Постараемся наполнить свою жизнь страстным желанием к Творцу.
М. Лайтман: Мы обязательно придем к этому.

Личный взгляд

Беседа пятнадцатая,
из которой мы многое узнаем о самом
Михаэле Лайтмане и о его учителе,
передавшем нам методику науки каббала.

СОБЕСЕДНИК ИЛЬЯ ВИНОКУР

И. Винокур: Я собираюсь поговорить с Вами о личном взгляде, о Вашем личном взгляде на вещи. Наши читатели знают Вас по урокам, по лекциям, которые Вы проводите, по беседам о мировом кризисе, о положении в обществе…

М. Лайтман: Ты думаешь, если постоянно наблюдать за человеком, его нельзя почувствовать через эти беседы?

И. Винокур: Может быть, и можно, но я хочу оказать нашим читателям услугу и помочь им узнать Вас с другой, очень личной стороны. И первый вопрос, с которого я хочу начать, относится к прошлому. Сколько Вам лет?

М. Лайтман: Шестьдесят три.

И. Винокур: Когда Вы оглядываетесь назад, есть что-то, о чем Вы сожалеете? Есть что-то, что Вы хотели бы изменить?

М. Лайтман: Прежде всего, в соответствии с каббалой, об этом не может быть и речи.

И. Винокур: О чем? О чем не может быть и речи?

М. Лайтман: О том, чтобы сожалеть о прошлом. Мы знаем, понимаем, и я чувствую, что все, что я прошел, было послано свыше. В конце концов, кто такой человек, который на протяжении долгих лет жизни в этом мире проходит всевозможные изменения? Все предопределено свыше. Поэтому у меня нет никаких претензий, наоборот, я со всем согласен и понимаю, что все, что было, должно было произойти именно так, и я ничего не мог бы сделать иначе. Но я обязан позаботиться о будущем, чтобы мое будущее – то, что мне отпущено – было наиболее плодотворным для той роли, которая мне предназначена, для цели, о которой я думаю, и для всего, что я делаю.

И. Винокур: Есть что-то, о чем Вы тоскуете?

М. Лайтман: Да… Это действительно очень личное… Я тоскую по тому, чтобы сидеть вот так… Я рассказывал, что каждую неделю мы уезжали с РАБАШем…

И. Винокур: …с Вашим учителем равом Барухом Ашлагом…

М. Лайтман: Да, каждую неделю мы уезжали с ним на два дня в Тверию.

УЧИТЕЛЬ

И. Винокур: Из Бней-Брака, где Вы жили, Вы каждую неделю уезжали на два дня в Тверию.

М. Лайтман: И там мы вот так же сидели, учились и разговаривали часами. И конечно, по этому я скучаю. Это не значит, что мне сегодня не хватает связи с ним, но в нашем мире есть что-то дополняющее, чего нет в высшем мире, а в высшем мире есть то, чего нет в нашем мире.

И. Винокур: Вы можете мысленно воссоздать ситуацию, когда вы сидите в Тверии и разговариваете? Что Вы чувствуете?

М. Лайтман: Возникает сильное ощущение единства, связи со всем мирозданием. Вы находитесь рядом с человеком, который отождествляет себя со всем творением, со всеми мирами, с самим замыслом, он находится выше течения времени, места и всего того, что переживает мир. Ты говоришь с ним и чувствуешь, что это исходит из вечности. Это возвышает, наполняет тебя и учит, как относиться к жизни и к миру. Все это можно ощутить только благодаря личной связи.

Мне предоставили свыше удивительную возможность такой связи с ним. Когда я пришел в феврале к нему учиться…

И. Винокур: В каком году это было?

М. Лайтман: В 1979 году. Мне было 33 года.

И. Винокур: Вы были женаты?

М. Лайтман: Да, я был женат, моему сыну было 7 лет.

И. Винокур: Что Вы искали?

М. Лайтман: Всю жизнь я искал, в чем заключается тайна жизни. Для чего человек живет? Что он должен достичь в этой жизни? Почему наш мир выглядит так, как он выглядит? Ради этого я пошел учить биологическую и медицинскую кибернетику. Я думал, что изучая строение человеческого организма, я смогу решить эту проблему: почему мы живем, с какой целью, какой в жизни смысл.

Когда в феврале 1979 года я пришел к РАБАШу, только у меня одного была машина, на которой я приезжал.

И. Винокур: Только у Вас из всех его учеников? Сколько учеников у него тогда было?

М. Лайтман: У него было шесть или семь постоянных учеников. Примерно через два месяца ему нужно было срочно поехать к врачу, у него была проблема с ухом, и меня попросили отвезти его в больницу. Я начал возить его на лечение, зашел вместе с ним к врачу и оказался намного больше, чем другие, причастен к этому. А попутно я задавал ему вопросы и немного беседовал с ним…

И. Винокур: Сколько ему было лет?

М. Лайтман: Тогда ему было примерно 73 года.

И. Винокур: Что Вы в нем нашли? Между вами 40 лет разницы, Вам 33 года – начало жизни, а ему – 73. Что Вы в нем нашли, что Вас так подкупило, так увлекло и так взволновало, что когда я спрашиваю о нем, это вызывает у Вас слезы?

М. Лайтман: Прежде всего, у него была душа молодого человека. В Бней-Браке его называли «бегущий учитель». Он не мог спокойно ходить, всегда был в приподнятом настроении, возбужден и активен. В его возрасте?! Для меня это было удивительно.

И. Винокур: Откуда в человеке в 73 года такая жизненная энергия?

М. Лайтман: Это, конечно, является следствием его духовных занятий. Ведь душа человека постоянно обновляется и определяет его состояние, и человек, как ребенок, все время чувствует, как он развивается. Это отражалось на нем, ведь сказано: «каждый день будет для тебя, как новый», – это на самом деле так. А поскольку я тоже был в непрестанном поиске, мы с ним оказались в одной струе.

Кроме того, он был родом из Польши. А я родился и вырос в маленьком городе на границе России и Польши. Мне был очень близок уклад его жизни, и даже сленг – польско-русские слова, – которыми мы оба называли некоторые вещи.

И. Винокур: Вы были товарищами?

М. Лайтман: Да, он не один раз говорил об этом и даже в присутствии всех, что было мне не очень удобно. Мы были товарищами. Через несколько месяцев после моего появления, в мае, он был вынужден лечь в больницу на месяц, так как у него было острое воспаление уха. Мы приехали в больницу просто на проверку, но врачи сказали, что его нужно срочно госпитализировать. Только я знал о его болезни, только я все время был возле него во время лечения, поэтому, естественно, я пошел вместе с ним и провел рядом с ним в больнице целый месяц. У нас была отдельная комната, и мы находились там вдвоем. И это, конечно, очень сблизило нас.

ИМЕННО ТАК, А НЕ ИНАЧЕ

И. Винокур: Мы заглянули в прошлое, а теперь давайте перейдем к настоящему. Есть что-то, что расстраивает, огорчает Вас?

М. Лайтман: Я бы не сказал. Я понимаю, что в мире есть силы и процессы, которые должны протекать именно так, а не иначе. Я понимаю, чем это вызвано, я понимаю, что это естественно. Я знаю, что существует противодействие распространению каббалы, которое вполне понятно с точки зрения человеческой природы и тысячелетнего скрытия этой мудрости.

И. Винокур: Что значит «противодействие, понятное с точки зрения человеческой природы»?

М. Лайтман: Человек – эгоист, а каббала говорит о том, как прийти к состоянию «возлюби ближнего, как самого себя», как изменить природу человека, и люди не понимают этого. Кроме того, существуют предрассудки, которые утверждают, что каббала – это мистика, амулеты, карты Таро и так далее. Все это должно было бы меня огорчать, но я понимаю, что без этого невозможно. Именно на этой основе надо строить объяснение и из этого состояния люди должны раскрыть истину.

И. Винокур: А что вызывает у Вас воодушевление?

М. Лайтман: Только материал, который я изучаю. Когда я работаю над письмами или статьями, над каббалистическим материалом, я испытываю восхищение…

И. Винокур: Опишите мне этот процесс. Вы занимаетесь с книгой или на компьютере?

М. Лайтман: Обычно на компьютере, поскольку это помогает мне выбирать отдельные фрагменты и перестраивать текст таким образом, чтобы сделать его более доступным и понятным для учеников.

И. Винокур: То есть Вы открываете на компьютере книгу, первоисточник, написанный Бааль Суламом или Вашим учителем Барухом Ашлагом, и работаете с текстом: сокращаете его, обрабатываете и так далее. Почему Вас это волнует? Это кажется механической, «сухой» работой.

М. Лайтман: Когда я занимаюсь этой работой, я раскрываю внутри слов глубину всего творения. За словами я ощущаю действия, за действиями чувствую, как струится материя, неживая, растительная, животная и человек, – как все в процессе исторического развития устремляется к цели и движется в правильном направлении.

И. Винокур: К какой цели все движется?

М. Лайтман: К раскрытию человеку Божественного, чтобы он стал вечным и совершенным, как Творец. Как бы это ни было противоположно тому, что мы видим в мире сегодня, но «преимущества света – из тьмы».

И. Винокур: Эта цель кажется такой грандиозной, помпезной, непонятной, когда человек говорит: «Я хочу раскрыть Божественное, раскрыть Творца!»…

М. Лайтман: Это нельзя раскрыть кому-то другому, ты можешь раскрыть это только в себе самом.

И. Винокур: Я хочу сказать, что это звучит очень претенциозно…

М. Лайтман: Почему? В этом состоит наше предназначение.

Ради этого мы живем.

Весь этот мир, все, что в нем существует, все события, которые в нем случаются, все, что он претерпевает, во всем этом я открываю только одно – потребность в раскрытии Божественного. Я это вижу.

Все происходящее, включая террористические акты, любовь, ненависть, сегодняшний кризис в различных сферах человеческой деятельности – все это приводит нас к необходимости раскрытия Творца. И я вижу, как это раз за разом подступает и воплощается. Люди пока еще не ощущают этого, поскольку это поджидает их «за углом». Еще немного… – и это внезапно произойдет.

И. Винокур: За углом нашей жизни скрывается Божественное?

М. Лайтман: Конечно.

И. Винокур: Что это за Божественное, о котором Вы говорите?

М. Лайтман: Это сила отдачи и любви, существующая в Природе. Если мы между собой реализуем принцип «возлюби ближнего, как самого себя», который является «великим правилом Торы», мы раскроем Божественное. Это наша подготовка к раскрытию Творца.

И. Винокур: Не понял!

М. Лайтман: Мы воспринимаем окружающее только в соответствии с мерой нашего подобия, совпадения с ним. Отсюда следует, что надо стать подобным Творцу, чтобы раскрыть Его. Поэтому все перипетии, которые сейчас переживает мир, призваны заставить человека измениться, подняться над уровнем своего эгоизма, именно вопреки ему, и превратить себя в отдающего и любящего. В этом свойстве человек начинает ощущать Высшую силу.

А самих себя мы начинаем ощущать совершенными и вечными, согласно этому свойству, которого мы достигаем.

И. Винокур: В слове «совершенный» есть какая-то завершенность. Что означает «ощутить себя совершенным»?

М. Лайтман: Это не связано с телом. Человек не отожествляет себя со своим телом – оно остается на животном уровне. Человеком называются его желания, мысли, представления – это мое «Я», которое не относится к материальному телу.

И. Винокур: Хорошо, но что означает быть совершенным в этом моем «Я»? Можете ли Вы немного приоткрыть мне это состояние?

М. Лайтман: Совершенство – это значит, что все силы в мире: самые противоположные и враждебные, существующие в прошлых поколениях и в будущем, направленные вверх или распространяющиеся вширь, – все они соединяются вместе в одно цельное ощущение, совершенство.

Человек ощущает внутренние противоречия и неожиданно приходит к согласию с самим собой, обнаруживая, что все исходит из одного источника и, в конечном итоге, достигает одной цели. И тогда он оправдывает весь процесс развития.

Это удивительно! И это невозможно передать другим.

Вчера у меня была встреча с журналистом. Он спрашивал о всевозможных трагедиях, о разрушении башен-близнецов в Америке… Я не мог объяснить ему, что когда человек поднимается на более высокую ступень, он видит, что все это тоже приходит от Творца и приводит всех нас к совершенству.

И. Винокур: Но как это может прийти от Творца, если Вы говорите, что Он это свойство любви, альтруизма и отдачи. Как могут быть посланы Им эти ужасные трагедии?

М. Лайтман: Любовь, альтруизм и отдача приходят к человеку, который находится во власти эгоизма, стремления к признанию и превосходству, в ненависти, и поэтому все то хорошее, что приходит от Творца, раскрывается в причиняющем страдания виде.

А когда это раскрывается нам в таком виде, это постепенно подталкивает нас к пониманию причин происходящего.

Я очень надеюсь, что сегодняшний глобальный кризис научит нас, как прийти к правильному решению.

ПРОБЛЕМЫ, И НЕ ТОЛЬКО

И. Винокур: Я хочу спросить Вас: есть что-то, что вызывает у Вас гнев?

М. Лайтман: Да, я сержусь, что мне пока что не удается легко и просто, в нескольких словах выразить то, что я знаю, чтобы все поняли, что существует способ сделать всех счастливыми.

И. Винокур: Почему Вас это раздражает?

М. Лайтман: Это равносильно тому, что существует лекарство, которое может вылечить человечество, но что-то препятствует его применению. Весь мир страдает, ощущает боль и проблемы, хотя существует простой способ, чтобы решить эти проблемы и привести мир к здоровому и благополучному состоянию. Это все еще очень давит на меня.

И. Винокур: В чем выражается это давление? Я знаю, что человек встает утром, у него есть определенные проблемы. Жизнь – это, как правило, набор проблем, во всяком случае, это то, что чувствую я.

М. Лайтман: Только проблемы.

И. Винокур: Существует определенный набор проблем дома, на работе и так далее. В любой области жизни есть проблемы. Когда Вы говорите, что Вас угнетает невозможность передать свое знание, – это значит, что Вы просыпаетесь утром и чувствуете, что это Ваша жизненная проблема?

М. Лайтман: Ты же знаешь, из чего состоит моя жизнь. Что есть в моей жизни, кроме желания найти еще несколько простых слов для трудного объяснения?

И. Винокур: Так Вы определяете свою жизнь? Как попытку найти более простой, доступный, понятный язык для…

М. Лайтман: …решения загадки жизни. Есть что-то более важное, чем это? Я вижу в этом великое дело и поэтому занимаюсь этим. Что может быть важнее для человека в нашем мире, чем попытка улучшить свою жизнь? Я говорю об обыкновенных людях.

Что может быть важнее для Творца, для высшей силы, чем видеть людей, готовых получить от Него все изобилие, при условии, что они подготовили себя к получению этого изобилия. Это, несомненно, самое главное как для высшего, так и для низшего.

Я чувствую (я не единственный, есть и другие люди в мире). Но если я в какой-то степени знаю, как соединить вместе человека и Творца, и могу объяснить людям, как Его раскрыть, чтобы привести в нашу жизнь изобилие, наслаждение, покой и совершенство, – я обязан сделать это. Поэтому меня волнует, удается ли мне это или нет, и достаточно ли хорошо у меня это получается.

И. Винокур: Давайте посмотрим в будущее. Чего Вы ожидаете от себя?

М. Лайтман: Я надеюсь увидеть, как мир раскроет методику каббалы, которая призвана исправить мир и привести его к совершенному состоянию.

И. Винокур: Это то, чего Вы ждете от мира. А чего Вы ждете от себя лично?

М. Лайтман: Что я смогу принять более эффективное участие в раскрытии этого учения.

И. Винокур: Чего Вы ожидаете от своих учеников?

М. Лайтман: Что они тоже примут в этом участие, – и они это делают. Ты же знаешь, как мы стараемся.

И. Винокур: Что в Ваших глазах будет считаться успехом?

М. Лайтман: Если нам действительно удастся передать этот посыл всему миру. В этом заключается наша роль.

И. Винокур: Последний вопрос. Если бы у Вас сегодня появилась возможность обратиться одним-двумя предложениями к каждому человеку на земле, что бы Вы ему сказали?

М. Лайтман: Сегодня, и именно это меня удручает, у меня еще нет волшебного слова, которое я мог бы сказать, чтобы человек принял эту идею и продолжил ее. Я бы сказал человеку: «У тебя есть проблемы и неприятности или ты прекрасно себя чувствуешь – это не важно. Но если ты спрашиваешь себя, для чего ты живешь (ведь жизнь, какой бы она ни была, заканчивается), в каком мире ты существуешь и есть ли что-то, кроме этого мира (конечно, есть, ведь мы находимся в этом мире всего каких-то 70 лет), знай, что есть методика, которая объясняет тебе все и делает тебя совершенным и вечным – подобным Творцу.

Что есть выше этого?

Если бы я мог сказать это другими словами или даже без слов, просто передать человеку это ощущение, чтобы человек понял, какой в этом высокий смысл – выше всего существующего в этом мире, – и все это предназначено для него: он с легкостью может это использовать и достичь того, о чем не мог даже мечтать…

Если бы я мог это сделать, я был бы удовлетворен. Кроме этого я ничего не хочу, мне больше нечего желать. Я чувствую – и это то, что я получил от своего учителя, – что в этом состоит моя роль.

Исход из Египта

Беседа шестнадцатая,
еще более удивительная и сокровенная,
чем предыдущая,
продолжающая ее тему.

СОБЕСЕДНИК ИЛЬЯ ВИНОКУР

И. Винокур: Здравствуйте, д-р Лайтман. Сегодня я хочу затронуть особую тему – поговорить о Вашем исходе из Египта. В каббале много говорят об исходе из Египта как символе выхода человека в духовный мир. Я хочу, чтобы сегодня Вы рассказали нам о своем исходе, и мы пройдем вместе с Вами его этапы для того, чтобы человек, также желающий преодолеть этот путь, смог воспользоваться Вашей помощью и получить духовную настройку для продвижения по своему личному пути.

Мой первый вопрос: когда Вы начали ощущать себя в состоянии, называемом «Египет»? Каково в точности это ощущение? Сколько лет Вам было в то время? Чем Вы занимались?

М. Лайтман: Прежде всего, я, безусловно, не расскажу всего. Сожалею, но хочу сказать об этом с самого начала. Есть нечто, о чем запрещено рассказывать. Есть то, что человек должен пережить сам, а не смотреть, как это происходит у других. Не случайно эти вещи скрыты, так как каждый должен раскрыть их сам, и потому каббалисты говорят о них только в общем виде.

Никто не говорит об этом в личной форме, и на это есть несколько причин.

Прежде всего, человеку запрещено раскрывать «сокровища своего сердца». Этим он охраняет себя от «присасывания внешних сил»: понимающий – поймет, и это первое. Второе, – даже пройдя несколько этапов пути, не стоит рассказывать об исходе из Египта. Это нежелательно для идущих по пути исхода из Египта. Ведь этот путь называется галут (изгнание) – недостаточное раскрытие света, Творца, самого пути, всего того, что находится в пути на каждом из его этапов.

И человек должен пройти все это в форме, называемой «Египетское изгнание». Иначе он воспользуется тем, о чем мы сейчас говорим, и в каждое мгновение будет высчитывать, находится ли он в нужном состоянии. Он начнет воображать себе, что находится в тех или иных состояниях, не имея пока духовных органов восприятия для того, чтобы судить об этом, проверять, сравнивать, и это лишь запутает его.

Мы должны понять, что наш исход из галута действительно происходит во тьме египетской, неожиданно, поспешно – со всем тем, о чем нам повествует Тора, о чем рассказывают нам каббалисты. Я могу ответить на некоторые вопросы, но при этом должно быть «раскрытие одной меры и скрытие двух», как говорит Бааль Сулам. Этим я охраняю идущих по пути в большей мере, чем забочусь о себе. Но и себя я также обязан охранять от «присасывания внешних сил», как я уже сказал. Насколько возможно – я объясню!

И. Винокур: Давайте начнем. Итак, первый вопрос: опишите, прежде всего, ту реальность, тот этап Вашей жизни, на котором Вы ощутили внутреннее состояние, называемое «Египет». Кем Вы были в тот момент, чем занимались – какова общая картина?

М. Лайтман: Я помню, что начал ощущать это состояние примерно через полгода после прихода к РАБАШу или чуть позже. Я пришел к РАБАШу – своему учителю Баруху Ашлагу – в феврале 1979 года. Мне было 33 года, я был женат, имел сына 7 лет и дочь 5 лет. У меня была большая стоматологическая клиника. Мои родители – врачи, и я организовал клинику, в которой они могли работать, а я руководил ею. Это была большая клиника, в которой работали 12 врачей, техники.

И. Винокур: Каково было Ваше финансовое положение?

М. Лайтман: Я всегда работал. В течение четырех лет я работал в армии: в авиации, в техническом обслуживании самолетов в соответствии со своей специальностью. Когда в 1977 году прибыли мои родители, бывшие в возрасте 50-55 лет и не знавшие, как устроиться с работой, я, чтобы организовать для них источник существования, открыл клинику.

И. Винокур: То есть Ваше финансовое положение было хорошим? Вы не испытывали в чем-то недостатка?

М. Лайтман: Нет, я умею организовывать дела.

РАБАШ

И. Винокур: Итак, Вы пришли к РАБАШу. Что именно Вы начали ощущать через полгода занятий?

М. Лайтман: Я как-то рассказывал о том, что нашел РАБАШа после многих лет поисков Учителя. Я начал учиться сначала с одним из его учеников, который также был пожилым: 70-75 лет. РАБАШу тогда было 74-75 лет, а умер он в возрасте 86 лет. В то время ему было необходимо лечить ухо, и я начал по утрам возить его в больницу на процедуры, так как среди учеников только я имел машину. После того, как врачу не удалось вылечить ухо, он направил РАБАШа в больницу, где после проверки тот был госпитализирован.

Я должен был все организовать и оказался причастен к его лечению. В течение месяца он находился в больнице, и я оставался с ним. Он получал очень сильный антибиотик против воспаления в ухе. Воспаление было очень опасным; вначале даже опасались, что это рак. Я находился рядом с ним с утра до ночи. Я приезжал в 4 часа утра, перелезал через ограду, так как нельзя было войти в больницу в такой час, проходил через все посты, взбирался на 4 этаж, – и по утрам мы учились. Потом, в течение всего дня, я оставался у него, и это, безусловно, создало между нами большую крепкую связь.

Когда впоследствии я спросил своего учителя, от чего зависел мой успех, почему именно я удостоился что-то получить от него, он ответил: «Это произошло в то время, когда ты в первый раз был со мной в больнице».

С другой стороны, также понятно, почему это произошло: я был молод.

И. Винокур: Разница в возрасте между вами – 40 лет?

М. Лайтман: Да. Но речь не только о том, что я был молод годами. Я был молод, мал относительно него: я совершенно отменял себя. Впоследствии начал расти эгоизм, желание получать, как обычно происходит на нашем пути, и тогда появляются различные помехи, которые нужно преодолевать. А здесь я, как младенец, полностью отменял себя и был готов получить все, и поэтому мне было гораздо легче, чем потом.

И. Винокур: Так, где же «Египет»?

М. Лайтман: После больницы РАБАШ находился в тяжелом состоянии: он был как в тумане, ведь в течение месяца он принимал антибиотик и лежал, почти не двигаясь. После этого ему было трудно вернуться к обычной жизни. Он привык к физической активности, к гимнастике. И я начал вывозить его посидеть в парке, к морю подышать морским воздухом, в лес. Мы беседовали, и во время этих бесед я начал ощущать, будто попадаю в какие-то тиски, в клещи – у меня ничего не выходит.

Я слушаю – и не слышу. Я пытаюсь прорваться куда-то и не могу.

И тогда я сказал РАБАШу: «Что это? Помоги мне!»

Я помню эту мольбу: «Помоги мне!» – это было в лесу. И он сказал: «Давай почитаем вместе. У меня есть с собой статья». В то время готовился материал для книги «При Хахам (Плоды мудрости). Статьи». И он прочел мне статью «Спереди и сзади Ты объемлешь меня», написанную на листе: РАБАШ должен был отредактировать ее для печати.

Я не понял ничего, и это было удивительно. До этого я уже многое читал и пытался понять. Еще в то время, когда мы ездили к врачу-отоларингологу, РАБАШ дал мне рукопись «Шамати» («Услышанное»). Он не давал ее никому – и никто даже не подозревал о ее существовании. РАБАШ отдал ее мне, и я уже прочел ее. А здесь я был в таком состоянии, что не понял что говорят, о чем говорят, почему? Что такое ахораим (обратная, оборотная сторона), паним (лик, лицо), о чем говорится, где эти состояния находятся внутри меня?

И тогда я начал ощущать, что это состояние и есть изгнание. Иными словами, есть здесь небольшая подсветка, являющаяся светом избавления, которая светит тебе в ахораим. Это означает, что, светя тебе, она создает еще большую тьму, чем обычно, также как тьма перед наступлением утра – самая густая тьма.

Тьма приходит из света.

В языке арамит, являющемся обратной стороной иврита, слово «орта» означает ночь, тогда как в иврите однокоренное слово «ор» означает свет.

В ТИСКАХ

И. Винокур: Вы употребили слово «клещи», но клещи имеют два конца. Что давило на Вас?

М. Лайтман: Давило само состояние, в котором я находился, ощущая, что существует нечто вне этого состояния, противоположное ему. И это «состояние и его противоположность», ощущаемые вместе, подобны ощущению темницы: если человек родился в ней, то не подозревает, что существует что-то снаружи. Но если ты знаешь, что есть свобода, что можно вдыхать свежий воздух и видеть что-то вне этих четырех стен, в которых ты заперт, то это и есть отличие между тем, что немного светит тебе, и нынешним состоянием. Именно свет производит над тобой эти действия, поэтому египетское изгнание – это раскрытие Творца, но в противоположной форме.

И. Винокур: В этом состоянии, в тисках, что светило Вам, что Вы ощущали?

М. Лайтман: Светил не свет – светило отсутствие света.

И. Винокур: Вы можете описать свои ощущения в то время?

М. Лайтман: Их трудно передать словами. Скажем, человек голоден: он знает, что значит быть сытым, что значит быть голодным, и поэтому стремится к наполнению.

Иногда случается, что ты не знаешь, не понимаешь, каково наполнение. Но ты видишь, ощущаешь, что в нынешнем положении не можешь оставаться.

Ты находишься в огромном внутреннем усилии удержать себя, когда ты буквально разрываешься, испытывая изнутри огромное давление. Я не думаю, что кто-то в нашем мире может выразить это состояние словами иначе, как используя примеры.

И. Винокур: От чего Вы напряжены?

М. Лайтман: Формируются духовные органы, чувства для ощущения света, но в этих чувствах все еще не достает некоторых данных, свойств, чтобы ощутить свет на самом деле. Это состояние подобно состоянию рождения, и исход из Египта – это действительно духовное рождение, когда человек рождается в мир света. У меня недостаточно слов, чтобы описать это.

И. Винокур: В этом состоянии, в тисках, Вы ощущали, что Вы строите для кого-то пирамиды, подобно тому, как их строили в Египте?

М. Лайтман: Да, этот процесс подобен описанному в Торе во всех деталях. Речь на самом деле идет о внутренних состояниях человека.

И. Винокур: Как это ощущали Вы, молодой человек 34 лет, у которого есть в жизни все? Что такое эти пирамиды, где они?

М. Лайтман: Ощущение, что действительно у тебя есть все. Ты не испытываешь недостатка в материальном, и ты свободен делать то, что хочешь. Ты не должен приезжать к этому старику и обслуживать его. Ты можешь быть свободен абсолютно от всего, и у тебя есть средства, чтобы наслаждаться этой жизнью больше, чем у кого-то другого из твоего окружения.

И. Винокур: Так почему же Вы не делали это?

М. Лайтман: Я не ощущал, что есть в этом какое-то удовольствие – я ощущал себя в изгнании, ощущал, что у меня ничего нет. Я даже ни разу не выезжал за границу. Все говорили мне: «Вы – молодая пара. Поезжайте за границу путешествовать». Я впервые поехал за границу после 15 лет, хотя уже через год-другой мог поехать отдыхать. Но я не ездил: мне не нужен этот мир. Ты знаешь меня – я не тот человек, который привык сидеть в углу, боится ехать, лететь, но я не чувствовал, что это даст мне наполнение.

Я всего в жизни достиг своими силами, но мне нечего искать в этом мире.

Мне нужно нечто, чего нет на горизонте того мира, который я ощущаю. И потому у меня не было никакого импульса к такому путешествию. Для окружающих, в том числе для моих родителей, это было очень странно: у меня хороший пентхауз, я пользуюсь уважением людей. Но вместо того, чтобы наслаждаться жизнью, семьей, женой, детьми, я прилепился к какому-то старику из Бней-Брака, обслуживаю его и нахожусь около него день и ночь. Никто не понимал, что это такое.

ФАРАОН

И. Винокур: Вы сами понимали это?

М. Лайтман: Я понимал, что от него я слышу то, что не услышу нигде, ведь я уже искал в самых разных местах. А от него я слышу это и не только слышу – он рассказывает о внутренних процессах, происходящих во мне. И эти внутренние процессы более важны для меня, чем все то внешнее, что я могу приобрести за деньги или с помощью усилий. И это вовсе не потому, что я ангел. Но потребность раскрыть тайну – тайну жизни – для меня важнее любой иной потребности. Это не было героизмом. Я действовал в соответствии с внутренним импульсом.

И. Винокур: Кто такой «Фараон» в тех внутренних импульсах, которые Вы ощущали в себе в те дни?

М. Лайтман: Ты раскрываешь, что вновь и вновь растет в тебе некое упрямство, твое «я», которое удерживает тебя каждое мгновение, когда ты хочешь выйти в некое место. Оно удерживает и окружает тебя так, что ты подчиняешься ему.

И. Винокур: Куда Вы хотели «выйти»?

М. Лайтман: «Фараон» постоянно мешает тебе думать о чем-то вне границ тела: все направлено только на удобство тела, на то, чтобы тебе было хорошо, удобно сегодня, завтра и через мгновение. Окончив чем-то наполнять себя, через мгновение ты уже думаешь: «Что будет дальше»?

Ты постоянно обслуживаешь его и не можешь выйти из этого круга. И сколько бы ты ни пытался сделать это, он возвращает тебя к этому вновь и вновь с такой изощренностью, что ты не можешь освободиться от этого ярма.

И это происходит не физически, но внутренне, поглощает все внимание.

Если бы можно было обеспечить своему животному телу то, что ему необходимо, и свободно заниматься тем, что находится вне его – так обеспечь его, и всё! Но в то мгновение, когда ты будто бы окончил его обеспечивать и хочешь выйти из него в мысли, желании, в чем-то оторваться от него – этого не происходит. Ты тотчас же возвращаешься на новый круг, как будто приговорен.

И. Винокур: Вы повторяете: «выйти – выйти наружу»…

М. Лайтман: Да, таково ощущение.

И. Винокур: Куда выйти?

М. Лайтман: Выйти вовне себя, ощутить мир вне тела. Мне кажется, что именно это ощущение я тогда испытывал.

МОШЕ И ДЕСЯТЬ КАЗНЕЙ

И. Винокур: В Вашем стремлении выйти против силы, называемой Фараон и обманывающей Вас, в рассказе внезапно появляется еще одна сила – Моисей.

М. Лайтман: Без Моисея нет Фараона. Эти две силы поднимаются и опускаются одна относительно другой.

И. Винокур: Стремление выйти – это сила, называемая Моисей?

М. Лайтман: Да!

И. Винокур: В продолжение рассказа есть 10 казней. Что это такое, но не в общем виде – что это в Михаэле Лайтмане того времени?

М. Лайтман: Различные удары. Часть из них проявляется как запутанность, невнимание. Часть из них выражается как ужасная усталость. Я помню себя в то время: я не вижу, не понимаю, не могу бодрствовать с открытыми глазами. Я не вижу жизни, мира – все затуманено так, что видишь мир сквозь некую завесу, которая находится во всех твоих чувствах, в разуме, в ощущениях. В таком полусонном состоянии я находился долгое время.

Затем, кроме усталости и сонливости, я ощутил несколько тяжелых обострений: вновь вернулась язвенная болезнь, которую я ощущал из-за депрессии, будучи подростком, во время учебы в университете, несмотря на то, что был спортсменом. Я очень страдал от нее. Она оставила меня, когда я вышел из этих напряженных состояний к более высоким напряжениям.

Впоследствии появилось еще одно физическое обострение, проявившееся в воспалении кожи: у меня было тяжелое кожное заболевание, от которого я очень страдал. Я лежал в постели – и кожа сходила с меня пластами размером с лист бумаги, оставляя обнаженное мясо. Я не мог лежать, не мог укрыться одеялом, и товарищи из группы, где я учился, сделали для меня нечто вроде остова, на которое клали одеяло, и я лежал под ним, как в шатре.

И. Винокур: Мы видим множество телесных ударов…

М. Лайтман: Да, но ощущаются также и удары на уровне «человек», такие как запутанность, отсутствие ориентации в мире. Затем приходят такие удары, что ты не различаешь между «нет никого, кроме Него» – и «если не я себе, то кто поможет мне».

Как обнаружить в этом мире, где властвую я, где властвует Творец, где властвует Фараон?

Ты находишься между этими силами и не очень владеешь ими и, вместе с тем, можешь заниматься бизнесом, и у тебя нет с ним никаких проблем.

И. Винокур: Сориентируйте меня: где это место?

М. Лайтман: Это место в развитии внутренних органов для духовного восприятия. И потому, если нет внешних телесных проблем, человек может функционировать в этом мире практически, как все остальные.

И. Винокур: Куда приводят эти 10 ударов?

М. Лайтман: Они приводят человека к состоянию, когда у него опускаются руки. Человек видит, что природа, в которой он находится, властвует над ним, и у него нет сил справиться с ней.

Он чувствует, что, безусловно, есть здесь некая иная власть, которая может помочь, и в этой власти он раскрывает Высшую силу. Раскрытие Высшей силы – это не просто крик: «Эй, кто-нибудь там, помогите!». Ты должен выяснить, какую силу ты призываешь себе в помощь против Фараона, этих ударов, затуманивания, запутанности в чувстве и разуме.

Ты начинаешь выяснять, какая помощь тебе нужна и более-менее понимать, от кого она может прийти. То есть ты, по сути, ты строишь в себе Творца.

Поэтому Творец называется Борэ – «Бо-рэ» («Приди и увидь»), когда человек приближается и видит, кто должен быть здесь против всех его бед: одно против другого.

И. Винокур: Что должно быть там?

М. Лайтман: Человек строит образ Творца, Борэ, потому что образ «Приди и увидь» находится внутри него.

И. Винокур: Какой образ?

М. Лайтман: Употребляя слово «образ», я ни в коем случае не имею в виду образ, который мы себе представляем. Говоря об образе, я имею в виду свойства, подход, связь, потому что мы не можем представить себе нечто иначе, чем в наших чувствах. Постепенно человек начинает понимать, что называется выходом из этого состояния, какова Высшая сила, которая должна проявиться, против чего Она должна действовать, что именно Она должна исправить во мне: мое отношение к группе, человечеству, к Учителю – ко всем. Как я должен жить?

 Мы строим себя в духовном мире в форме, противоположной нашей форме в материальном мире.

И. Винокур: Что это за «состояние полуночи», с которого начинается исход?

М. Лайтман: Каждый раз, когда человек все больше и больше приближается к этому состоянию, с одной стороны, ощущается все большая тьма, а с другой стороны, ему становится все яснее, что это тьма, потому что это всегда «нечто и его противоположность». Слепой не знает, день сейчас или ночь, то есть тебе необходимы большие сильные здоровые глаза, чтобы ощутить, что это тьма, а не свет.

Скажем, я снимаю очки. При этом мир для меня теряет 90% того, что есть в нем. И я уже не очень различаю между светами и тьмой – различие становится меньше на 90%. Но если у меня уже есть ясное зрение, и я различаю всевозможные ощущения, в которых нахожусь, то вижу как в остром луче точку, в которую я должен прийти. Я понимаю, что это и есть мой исход, понимаю, против каких форм эгоизма он направлен. Говорится не о материальном, а о духовном, о подъеме над понятием, называемым «Фараон».

Эта подготовка и есть вся наша работа. Как я сказал, часть ее приходит в виде различных проблем со здоровьем, в виде материальных, телесных, то есть человеческих проблем, а часть приходит в виде духовных проблем.

ИСХОД

И. Винокур: Куда это «состояние полуночи», в конце концов, привело Вас?

М. Лайтман: Я помню, что проходил очень тяжелые состояния именно во время болезни, когда с меня пластами сходила кожа. Иногда я лежал, не имея сил встать, и РАБАШ навещал меня. Я лежал, он сидел возле меня, и мы беседовали. Иногда я все-таки вставал, выходил на улицу, хотя надеть одежду было весьма трудно, так как все тело горело. Как-то мы с ним поехали в парк. Я помню, это было зимой. Стояла холодная и дождливая погода, но мне она была приятна, и я любил этот холодный ветер: он облегчал мне боль.

На прогулке я схватил РАБАШа за руку и спросил: «Скажи, что со мной происходит?»

Ты знаешь, о внутренних удрученных состояниях человек обычно не спрашивает. Есть какой-то внутренний тормоз, не дающий об этом говорить. Так работает в нас наш внутренний механизм. Безусловно, с этим знакомы те, кто продвигаются в духовном, но в тот момент я задал РАБАШу такой вопрос.

Конечно, он не стал ничего объяснять, но, взяв мою руку в свою, с болью сказал: «Если бы ты только знал, как много ты получаешь, проходя эти состояния!». Очевидно, и это он не хотел говорить. На духовном уровне он молчал бы, но на человеческом уровне это вырвалось у него из сострадания вследствие нашей близости.

Безусловно, верно, что такие удары помогают человеку, но я не хочу сказать, что они настигают каждого. Мой кругооборот особенный. Это не хорошо и не плохо, и я не хвалюсь этим. Он особенный, и не нужно брать с меня пример людям, находящимся в начале своего духовного пути. Это совсем не характерно для тех, кто продвигается. Я вижу это и рад, что у них это происходит быстрее и проще. Эта быстрота относительна, так как иногда процесс растягивается на многие годы, но проходит гладко, без высокой концентрации телесных и душевных проблем, как это было у меня.

И. Винокур: Что Вы ощущали в сам момент исхода?

М. Лайтман: Об этом действительно можно сказать словами Торы. Прежде всего, и во время учебы, и во время внутреннего продвижения, проходя различные состояния, мы вспоминаем то, что о них написано. Ты тотчас же вспоминаешь, что написано так-то и так-то. И даже если ты не очень знаком с Торой, с первоисточниками, они как бы пробуждаются в тебе. Ты проходишь те же состояния, что прошли великие каббалисты, писавшие об этом, и потому, даже не читая, в силу того, что сказано: «Душа человека учит его», – ты учишься из внутренней части тех состояний, которые проходишь. И тогда их слова пробуждаются в тебе, и ты находишься в том же мире, в тех же состояниях, что и они.

При исходе ощущается иная власть. Безусловно, ты не властвуешь, но ты рад, что после власти зла начинаешь ощущать, что облачается в тебя сила свободы от состояния, в котором ты находился прежде. Новая власть – это также власть, но это нечто хорошее.

Это не значит, что тебе хорошо оттого, что ты свободен. Например, в нашем мире, человек, выходя из тюрьмы на свободу, видит, что обязан соблюдать при этом больше различных законов. Сейчас он свободен от тюрьмы, но должен соблюдать различные законы общества и сдерживать себя сильнее и жестче, чем прежде, но он согласен на это. Он хочет, чтобы это произошло, потому что видит в этом высшую ценность: из насилия он выходит к желанию.

Но это не то желание, когда человек, желая чего-то, становится необузданным. Он наслаждается подъемом над своим телом. Это не мазохизм, но животное начало уже не властно над ним. Можно описать это такими словами. Это очень обязывает. Немедленно человек должен начать укреплять себя, концентрироваться на пути и на поддерживающих его, называемых также «поддерживающими Тору», то есть на группе и на учебе. Он хочет найти состояния, которые ощущает в первоисточниках: в «Учении Десяти Сфирот» и в Книге Зоар. Человек начинает соотносить происходящее с ним с тем, что описывали большие каббалисты в Торе, написанной языком рассказа, и в Книге Зоар, написанной языком толкований.

И он идет по их стопам.

И. Винокур: Какой совет Вы можете дать тому, кто идет таким путем и тоже хочет выйти из Египта?

ПОДНЯТЬ ВСЕ ЧЕЛОВЕЧЕСТВО

М. Лайтман: Я думаю, что то, что мы сегодня делаем: группа, учеба, распространение, – это главное. Кроме этого нет ничего. Группа тебе необходима, потому что внутри маленькой группы ты должен реализовать условия, чтобы выйти из себя наружу и чтобы товарищи поддержали тебя. Распространение необходимо, чтобы показать всему миру методику исправления – ведь это возложено на тебя, и в этом ты являешься посланником. Из учебы ты черпаешь силы – так называемый окружающий свет – и, благодаря ему, ты продвигаешься. Эти 3 компонента обязательны. Безусловно, нужно прислушиваться к тем, кто уже прошел этот путь и может направить тебя в группе, в учебе и распространении.

Кроме того, сегодня, безусловно, действуют новые законы. И возможно, что пока мы не вернемся к обществу, часть из нас не сможет подняться.

Я вижу это, потому что мы сегодня связаны со всем человечеством и должны воздействовать на него.

 Подъем тех, кто сегодня находится в духовном продвижении, очень зависит от подъема мира в целом, то есть не является личным подъемом, как это было у меня, а в большей мере относится к общему исправлению.

И. Винокур: Несколько слов о новой власти. Вы сказали, что вышли из своего животного тела и ощутили, что нечто новое властвует над Вами? Что это за новая власть?

М. Лайтман: Новым является то, что ты желаешь этой власти: ты готов идти и все время перед ней преклоняться, чтобы присоединиться к ней.

Она направляет тебя, чтобы ты мог ощутить внешние потребности, принять их и погрузиться в них вместо своих собственных потребностей «верой выше знания», в силе отдачи выше своих необходимых потребностей. Безусловно, ты ешь, пьешь, живешь жизнью семьи – об этом не говорится. То, что необходимо тел, дай ему.

Но речь идет о том, где твои мысли, твое желание, куда ты направлен?

Учитель

Беседа семнадцатая,
из которой мы узнаем
о качествах настоящего Учителя,
за которым следуют с закрытыми глазами.
Что чувствует Учитель, открываясь ученику.
С какого расстояния способен Учитель
уловить желания своих учеников.
О каком экране не нужно знать ученикам.
И о том, что настоящий Учитель навсегда
остается с нами.

СОБЕСЕДНИК МИХАИЛ САНИЛЕВИЧ

М. Санилевич: Сегодня мы поговорим об Учителе.

М. Лайтман: Я услышал об этой теме минуту назад. По правде говоря, это для меня сюрприз.

М. Санилевич: Что значит «Учитель»?

М. Лайтман: Это сложно объяснить. Все зависит от того, на каком уровне мы говорим. Может ли ребенок знать, кто такой отец? Он не знает об этом. Он то хочет слушать его, то не хочет. Иногда он думает, что знает и понимает больше отца, а если даже нет, то все равно хочет, чтобы было так, как он считает.

Кто такой Учитель?.. А если им пренебрегают, это Учитель или нет? Согласно чему человек считается Учителем? Согласно тому, что его так называют? Или согласно должности, диплому? Или же это зависит от отношения ученика к тому, кто его учит, и тогда ученик делает этого человека Учителем? А если так, то иногда для него он Учитель, а иногда, может быть, наоборот – он желает сам быть его учителем?

Учитель – это человек, который по твоему желанию берет тебя за руку и ведет к цели, и ты идешь за ним с закрытыми глазами.

М. Санилевич: Каким должно быть самое главное качество Учителя?

М. Лайтман: Он должен быть поистине профессионалом своего дела.

М. Санилевич: Но что это значит? Его этому обучают? Как это качество развивается в человеке? Как он вдруг превращается в Учителя?

М. Лайтман: Он проходит весь путь и после этого чувствует себя обязанным провести по нему остальных людей. Он знает, что должно случиться на каждом этапе. Он предан этому пути, готов взять на себя ответственность за других людей, сопровождать их на каждом шагу, раскрывая им то, что необходимо раскрыть, а также защищая их и скрывая от них то, что пока еще им не нужно знать, чтобы они прошли этот путь как можно более уверенно и легко. Так отец относится к любимому сыну.

Это очень непростая система отношений между двумя людьми – Учителем и учеником. Мы видим, сколько каббалисты писали об этом на протяжении всей истории: «Сделай себе Учителя и приобрети себе друга».

Может быть, мы перейдем к другим приготовленным вопросам? И тогда из конца поймем начало.

М. Санилевич: Какие способности должны быть у Учителя? Это природные свойства?

М. Лайтман: Да. Есть люди, от природы обладающие качествами, необходимыми для того, чтобы быть учителями, проводниками в духовном пути. Мы не говорим об учителях физики или химии, которые просто излагают знания, хотя и там нужен профессионализм и особый подход.

Но я говорю об Учителе, который развивает, строит человека, берет материал и из него выстраивает человека. Для этого нужен особый подход.

Насколько я в этом понимаю, должен быть определенный тип души для того, чтобы быть Учителем. Сказано о Моисее: «Верный поводырь». Но интересно, что у него тоже были разные свойства: к примеру, он не мог хорошо объясниться с народом, выразить себя…

М. Санилевич: Вроде бы неподходящие для Учителя свойства…

М. Лайтман: Да. К тому же он нуждался в помощи фараона, который советовал ему, что и как делать, и Арон тоже был возле него.

Учитель – это непростое вместилище сил и свойств, часть из которых исходит из корня его души, а другую часть он должен приобрести от окружения, из своего опыта.

М. Санилевич: Но его этому не учат, верно?

М. Лайтман: Я не думаю, что можно научиться быть духовным Учителем. С этим рождаются. Рождаются со склонностью обучать. И если человек проходит духовный процесс на себе и может выстроить внутреннюю программу, понять весь пройденный им путь, то может учить этому других.

Ведь многие люди развиваются и просто живут. И хотя они тоже в своей жизни многое постигают, но не знают, за счет чего? Что ими движет? Из чего состоит каждая ступень, почему они поднялись и почему спустились? Почему это так случилось? Где силы, где средства? Каковы причины?

Учитель должен все это знать, ведь согласно этим знаниям он уже растит своих учеников. Поэтому недостаточно того, чтобы он сам прошел эти этапы. Он должен также знать природу ступеней, на которые поднялся, чтобы провести по ним других.

М. Санилевич: До этого Вы упоминали Моисея. Иногда кажется, что люди не так уж хотят быть Учителями, но их вынуждает к этому какой-то процесс…

М. Лайтман: Верно. Это с одной стороны. С другой стороны, они ощущают, что, видимо, это их естественная склонность и в этом их предназначение.

Я как раз таки думал, что мне подобает быть исследователем – исследователем природы. И я на самом деле пошел по этому пути и учился.

М. Санилевич: Вы не планировали учить других?

М. Лайтман: Я не очень представлял себя оратором, стоящим за кафедрой, профессором, читающим лекции студентам. Мне всегда доставляло удовольствие исследовать, наблюдать, связывать разные явления между собой, видеть как можно более обширную картину, более сложную, более проясняющуюся мне в виде единой системы. К этому я стремился.

УЧЕНИКИ

М. Санилевич: Много раз Вы говорили о том, что если бы это зависело от Вас, Вы закрылись бы в своем кабинете, работали над первоисточниками, исследовали их…

М. Лайтман: Сегодня мне уже трудно это представить. Почему? Я скажу тебе. Продвигаясь духовно, на каком-то этапе пути человек начинает ощущать, что для дальнейшего продвижения он нуждается в учениках. Написано: «Многому научился я у своих Учителей, еще большему – у товарищей, а еще большему – у своих учеников».

Именно когда человек поднимается вверх, и у него есть ученики, с ним происходит то же самое, что с отцом маленького ребенка. Каким бы маленьким ни был этот ребенок, но отец чувствует…

М. Санилевич: Что у него есть ребенок и действительно становится отцом…

М. Лайтман: Да.

М. Санилевич: И есть хорошие ученики?

М. Лайтман: Хорошие ученики или нет – очень сложно сказать в пути. Это трудно увидеть, поскольку на самом деле «душа человека учит его», и человек так сильно меняется. Могут быть очень трудные ученики в начале своего пути, а затем они проходят какой-то этап и изменяются. И могут быть другие – очень яркие, легкие, им так хорошо даются первые этапы, они преодолевают их одним прыжком, – а потом вдруг останавливаются и даже уходят.

Поэтому здесь все зависит от «суда над душами», от души каждого ученика. И потому тут запрещается делать расчеты.

М. Санилевич: Это не зависит от Учителя?

М. Лайтман: Нет. Но от Учителя зависит, сколько он вложил в ученика. И если не в этом кругообороте, то в следующем ученик это реализует.

М. Санилевич: Но до этого Вы сказали, что Учитель знает, когда раскрыть, когда скрыть…

М. Лайтман: Это зависит от каждого конкретного случая…

М. Санилевич: Откуда он это знает? Это ощущение, интуиция, руководство свыше?

М. Лайтман: Тут нет интуиции. Когда Учитель работает с учеником, он чувствует ученика, его желание, уровень этого желания, его способность преодолеть, и согласно этому знает, насколько он может открыть ему себя и насколько скрыть. Точно так же мать знает, сколько пищи каждый раз надо дать младенцу, даже если он просто кричит: ведь, он не знает, сколько грамм ему нужно, какой температуры и какой смеси. Но мать знает. Это взаимопроникновение понятно Учителю и, разумеется, непонятно ученику.

М. Санилевич: Как именно это работает? Вы говорили, что никогда не готовитесь к урокам. Вы приходите на урок…

М. Лайтман: Разве ты не знаешь об этом?

М. Санилевич: Я-то знаю. Но наши читатели, возможно, нет. Поэтому я спрашиваю. Когда Вы приходите на урок, Вы ощущаете какую-то потребность, желание учеников. Что это значит? Что Вы чувствуете?

М. Лайтман: Есть два вида уроков. Один урок по науке каббала. По правде говоря, у меня нет времени к нему готовиться, я несколько пренебрегаю этим и, может быть, ленюсь, потому что есть еще много дел, на которые мне не хватает времени. И потому я не так уж готовлюсь к урокам по «Учению десяти сфирот». Но, на самом деле, я должен был бы готовиться к ним больше, проходить эти тексты и подготавливать материал. Ведь это относится к науке, к знаниям, и я должен был бы проводить урок в более подготовленной и упорядоченной форме. Но из-за общей нагрузки и занятости я не успеваю этого делать. Я это осознаю.

На второй части наших уроков мы говорим о нашей внутренней работе, о духовном продвижении, изучаем статьи и письма. Разумеется, к таким урокам невозможно подготовиться заранее. Сколько бы я ни читал их один, но, когда я появляюсь перед аудиторией учеников, которые учатся со мной уже пять, десять, пятнадцать лет – вместе с ними мы строим сосуд для восприятия света – и в соответствии с моим и их общим желанием, и в соответствии с нашим общим состоянием на том же уроке я могу раскрывать себя, причем, каждый раз определенным образом. И, может быть, назавтра, проходя тот же материал, я буду ощущать внутреннюю потребность провести этот урок иначе.

М. Санилевич: Так что Вы чувствуете от учеников? Желание?

М. Лайтман: Я чувствую желание и тип этого желания. Здесь мы работаем как одно целое. На уроке, где мы изучаем пути развития души: как она должна исправляться, каким образом она продвигается, включается в остальные души, приближается к Творцу, раскрывает Его и так далее, – на всех этих этапах я не чувствую самого себя, а ощущаю себя вместе с учениками, включаюсь в них. Я просто чувствую, чем сейчас нам лучше всего вместе наполниться. И тогда все, что исходит от меня, получается правильно.

М. Санилевич: Но как это происходит? Иногда я вижу, как Вы пытаетесь что-то объяснить и говорите: «У меня нет слов…», будто хотите передать что-то ученикам, отдать им, и Вам это не удается…

М. Лайтман: С моей стороны есть желание дать ученикам как можно больше – до состояния, в котором я сам нахожусь. Но вместе с тем необходимо работать с желанием учеников, всей аудитории: и тех, кто сидит передо мной, и тех, кто находится за экранами компьютеров, – учеников за границей.

М. Санилевич: Это вообще загадка. Как Вы ощущаете желание человека, которого не видите перед собой?

М. Лайтман: Это желания – для них нет расстояний. Я просто чувствую общее желание всех учеников, поэтому соединяюсь с ним, и для меня это желание – одно. Иногда я чувствую, что эти слова извлекает из меня кто-то из заграничных учеников. Я не могу указать на человека, потому что зачастую не знаю имен.

Вам известно, что я могу путать имена и лица даже тех людей, которые годами работают со мной. Я знаю, что это кто-то из моих учеников. Но не по имени и лицу я воспринимаю человека. И потому иногда я чувствую, что это желание, которое сейчас заставляет меня говорить, пришло от кого-то из Южной Америки.

Но обычно я не чувствую, что откуда приходит. К тому же это не важно. Я даю максимум того, что способен передать, что подходит тому самому желанию. Может быть так, что эти желания созрели до какого-то уровня, и тогда можно их наполнить, а сверх этого – еще не созрели. И тогда я словно хотел бы раскрыть себя, но пока еще не способен на это. И так я брожу вокруг той же точки, но ничего не выходит.

М. Санилевич: Будто бы ученик еще не нуждается в этом?

М. Лайтман: Да. Дело в том, что природа духовных ступеней такова, что ты не можешь сказать больше, чем человек способен воспринять. Таков закон. Это просто не открывается, поскольку желание, над которым ты должен работать, еще не раскрылось.

М. Санилевич: Еще не созрело. Когда Вы говорите: «Я хочу дать своим ученикам, передать им…», – что именно Вы передаете? Вы говорили, что это – не знание. Тогда, что там передается? Какой-то заряд?

М. Лайтман: На уроке мы вместе с учениками выясняем пути развития духовного сосуда: что должен подготовить в себе ученик, какие внутренние изменения совершить, чтобы, в конечном счете, раскрыть Творца, и в каких видах духовное раскрывается именно ему, согласно изменениям в его «точке в сердце» – зародыше души.

М. Санилевич: И как это им передается? В чем? В ощущении?

М. Лайтман: В общем ощущении.

М. Санилевич: Они испытывают что-то? Какие-то переживания?

М. Лайтман: Да. Они слушают и ощущают. Часть знания воспринимается слухом, проходит через разум, входит в чувства, которые начинают передавать ощущения вовнутрь, создавая определенное впечатление.

И есть часть знания, которая не проходит через разум, а согласно общему сосуду восприятия, совместно выстроенному, люди начинают получать впечатление изнутри, сами не зная, как это в них происходит.

М. Санилевич: И тогда это ощущение дает им понимание?

М. Лайтман: И тогда из ощущения приходит понимание.

М. Санилевич: Сначала ощущение, затем – понимание?

М. Лайтман: Но понимание может прийти не во время урока, а через какой-то промежуток времени, даже через несколько лет.

М. Санилевич: И человеку вдруг кажется, что это так?

М. Лайтман: Да. И в этот момент он понимает, почему он тогда услышал и ощутил это.

М. Санилевич: Это словно созрело в нем.

М. Лайтман: Верно.

ЭКРАН УЧИТЕЛЯ

М. Санилевич: Вы говорили, что ощущаете желание людей независимо от того, сидят ли они напротив Вас или нет. Как я понимаю, так происходит и между Учителем и учеником. Верно? У Учителя с учеником есть связь, и она не обязательно физическая…

М. Лайтман: Разумеется, это не физическая связь. Они уже связаны между собой так, что Учитель может брать желания ученика и совершать с ними всевозможные действия при условии, что ученик к этому готов.

М. Санилевич: Но как это происходит? Через мысли?

М. Лайтман:

 Связь с учениками осуществляется через экран Учителя.

М. Санилевич: А где при этом ученик?

М. Лайтман: Ученик здесь не присутствует.

М. Санилевич: Он не знает об этом?

М. Лайтман: Нет.

М. Санилевич: Это приходит к нему свыше без того, чтобы он понимал, что именно с ним происходит. Верно?

М. Лайтман: Если ему это раскрывается, а если не раскрывается – то нет. Есть много действий, которые не должны проходить через ученика, в его осознании, знании, понимании. Они просто подготавливают его к тому, что впоследствии он сам раскроет, – вовсе не обязательно то, что сейчас Учитель посылает ему.

НЕТ НИКОГО, КРОМЕ НЕГО

М. Санилевич: Давайте сделаем в нашей беседе небольшой поворот. Вы были хорошим учеником?

М. Лайтман: Запрещено сожалеть. О прошлом мы должны говорить, что «нет никого кроме Него», и, видимо, все было правильно, Творец устроил все происшедшее во всех ситуациях, во все времена. Но, разумеется, если говорить критически и рационально, вроде бы многое можно было бы изменить.

М. Санилевич: Я понимаю, что невозможно изменить, что так должно было быть и так далее…

М. Лайтман: Нет, это не важно. Это дано изменить сегодня. Ведь в духовном нет времени. Нельзя сказать, что Учитель умер, и его нет. Связь продолжается, наше внутреннее общение остается. Но это вовсе не какое-то потустороннее общение, как думают в нашем мире. Это не фантазия, а та же работа, что была прежде. Только здесь происходит то же самое, что между двумя людьми, которые находятся далеко друг от друга и не видят тел, но между ними есть внутренняя связь.

Я не чувствую, что из нашей связи что-то исчезло с его уходом – все осталось, будто он здесь.

М. Санилевич: Каким был Ваш Учитель – Барух Ашлаг, РАБАШ?

М. Лайтман: Мне не с кем его сравнить. Он был гораздо более закрытым, чем я. Он был более терпелив, более милосерден. Он умел скрыть так, что в нем ни на йоту не чувствовалось чего-то скрытого.

Во множестве ситуаций я поражался, видя, как этот человек владел собой. Я до сих пор могу просто позавидовать ему. Я говорю не о духовном, хотя это тоже результат духовного уровня. Но «я стерплю», как написано в Торе, у него было превыше всего.

Этот человек находился в переходном периоде между своим отцом, Божественным каббалистом, самым особенным из всех каббалистов всех поколений, который упорядочил методику исправления последнего поколения, – и нашим временем. РАБАШ будто пребывал в его тени, с одной стороны, как сын столь великого отца. С другой стороны, это будто бы не позволяло ему самому говорить и раскрывать себя. Это останавливало его.

Когда я говорил ему: «Какое значение для меня имеет Бааль Сулам? Вы мой Учитель!» – он не мог это принять, поскольку в любом случае Бааль Сулам был для него не просто отцом, а духовным отцом, хотя РАБАШ и был его старшим сыном.

Поэтому трудно было разглядеть его и увидеть, где же он сам по себе. Ведь хотя он был грандиозным каббалистом, и после него никто не мог с ним даже сравниться, но из-за столь великого отца всю жизнь чувствовалось, что он вроде бы лишь немного является его продолжателем. Он все время создавал такое впечатление. Может быть, он привык так вести себя рядом с отцом и потому продолжал в том же духе.

Безусловно, в своей жизни он совершил множество переворотов. Прежде всего, он взял меня к себе в ученики, затем он начал учить молодых светских парней, что не было принято ни в одном поколении. Он просто брал людей с улицы и учил их.

С одной стороны, он многое менял в своей жизни. Но в любом случае, он был еще на переходе между двумя мирами: между тем древним миром, который начался еще с древнего Вавилона, с Авраама, и продолжался до него, – и между нашим временем. После РАБАШа словно произошел некий разрыв, и мы начали как его сыновья – «Бней Барух». Поэтому наша группа так и называется, в честь его имени.

Мы начали как будто с чистого листа.

М. Санилевич: Сегодня Вы чувствуете, что от Учителя требуется быть другим?

М. Лайтман: Разумеется. Сегодня Учитель должен включать в себя весь мир, всю актуальность. Он обязан объяснять все с научной точки зрения, согласно происходящему во внешнем мире. Мы вступили в мир, очень отличный от того, который был даже 30 лет назад, когда я учился у РАБАШа. Мир начал входить в те самые этапы конца исправления, которые тогда еще не ощущались.

Когда я спрашивал РАБАШа, подразумевал ли Бааль Сулам, что именно с 1995-го года и далее будут изучать науку каббалу, он отвечал, что тот не говорил об этом напрямую. Ведь Бааль Сулам писал об этом 50 лет назад: «Вы увидите, что уже через 50 лет все будут открыто изучать науку каббала». И это получался точно 1995-й год.

Я спрашивал РАБАШа, действительно ли так случится через 50 лет после того, как об этом писал Бааль Сулам, потому что я не верил, что такое возможно. РАБАШ ответил: «Да».

Он умер в 1991-м году, и действительно через 3-4 года после его смерти вдруг началось раскрытие науки каббала, а сегодня мы уже находимся на продвинутых этапах.

М. Санилевич: Вы считаете, что сегодня Ваш Учитель был бы доволен происходящим? Он был бы рад этому?

М. Лайтман: Я думаю, что РАБАШ и сейчас вместе с нами, что он помогает нам. У меня есть с ним связь – насколько я, маленький, могу быть с ним связан.

Я думаю, что он не мог быть вместе с нами физически. Только таким образом и он, и АРИ, и все великие каббалисты помогают нам. И мы будем раскрывать это все больше и больше на протяжении нашего духовного развития. Поэтому мы не испытываем недостатка в том, чтобы эти люди жили сейчас вместе с нами. Необходимо понять, что у нас есть все необходимое для продвижения. Этого воплощения внешнего мира, нас самих и всего происходящего достаточно для исправления.

А эти люди, с их душами, с высотой их душ, принадлежат предыдущим этапам развития.

Счастье

Беседа восемнадцатая,
из которой мы узнаем,
в чем отличие каббалы от остальных методик.
Об абсолютном счастье примирения
между тьмой и светом,
аналогом которого в нашем мире является
радость получения ответов на свои вопросы.
Однако мы все еще остаемся без этой радости.
Чего стоит хотя бы этот невыясненный,
с точки зрения науки каббала,
вопрос: кто такой «Я»?

СОБЕСЕДНИК ИЛЬЯ ВИНОКУР

И. Винокур: Я хочу поговорить о счастье. Вы счастливы?

М. Лайтман: Да. Прежде всего, я счастлив, потому что нашел самое главное в жизни и всю свою жизнь, с тридцати лет, занимаюсь этим. Одновременно с этим я работал и был обременен всевозможными проблемами, как и все люди, но при этом у меня было то, что до сих пор кажется мне самым главным не только в этом мире, но и вообще во всей реальности.

И. Винокур: Что Вы нашли?

М. Лайтман: Я нашел путь, который неизменно ведет человека к восхищению и раскрытию Творца. Как это выразить? Это включает в себя все! Это увлекает, захватывает, возвышает, окружает нас, и ты переживаешь приключение, подобно маленькому ребенку, который все время раскрывает мир.

И. Винокур: Что такое раскрытие Творца? Опишите мне это в виде ощущений.

М. Лайтман: Человек каждый раз раскрывает темноту и внутри нее свет, каждый раз у него возникает вопрос и ответ. Каждый раз он ощущает неразбериху, смятение, у него не сходятся концы с концами, он испытывает внутренние противоречия, столкновения желаний, – и все это приводит его к единому источнику. «Нет большей радости, чем разрешение сомнений».

И. Винокур: То есть человек находит решение проблемы?

М. Лайтман: Да, потому что это – тьма и свет, вопрос и ответ.

И, по мере возвышения человека, разрыв между этими двумя противостоящими силами становится все больше, и их примирение доставляет большую радость.

Отсюда приходит ощущение счастья.

И. Винокур: Когда встречаются две противоположности?

М. Лайтман: Встречаются и дополняют друг друга в совершенной гармонии.

И. Винокур: Таково Ваше определение счастья?

М. Лайтман: Это не только мое определение. Я изучал это в биокибернетике, об этом говорит психология и физиология человека, это видно на примере нашего ежедневного существования.

Мы должны ощущать и грусть, и радость, и одно невозможно без другого. Мы должны ссориться и мириться, ненавидеть и любить – одно всегда дополняет другое. Но в каббале это достигает размеров вселенной, от края до края, от одной бесконечности до другой.

 Когда к человеку приходят две такие огромные силы – любовь и ненависть – и дают ему разгадку всей реальности и всех взаимосвязей,

существующих в ней, когда все полярности соединяются вместе, это наполняет нас (так мы устроены), и это истинное счастье. Это может быть на уровне знаний, на уровне ощущений – на всех уровнях.

И. Винокур: И это приводит меня к следующему вопросу. Когда Вы говорите о двух полюсах действительности, от края и до края, которые дополняют друг друга, и из этой цельности рождается счастье, я спрашиваю себя, а где здесь счастье на личном, частном уровне? Соединять два конца действительности – это слишком глобально…

М. Лайтман: Нет, так устроена вся реальность. Плюс и минус, тьма и свет, отдых и усталость – одно не может существовать без другого.

И. Винокур: Как это проявляется в повседневной жизни?

М. Лайтман: В повседневной жизни? А как функционируют клетки и все органы в твоем теле?

И. Винокур: Нет, это я понимаю, но какое мне дело до того, как они функционируют? Функционируют и ладно. Мы говорили о счастье. Причем здесь счастье?

М. Лайтман: Если у тебя нет вопросов, не может быть и ответов.

Если ты не испытываешь тревоги, а затем не находишь выхода из положения, ты не узнаешь что такое расслабление, отдых, вздох облегчения.

Человек должен пройти все противоположные явления: падения и подъемы, грусть и радость, – из этого состоит наша жизнь. Это ощущение жизни, так же как мы дышим, вдыхаем и выдыхаем воздух, как биение сердца, – все включает в себя изменение состояний. Такие же изменения должны происходить в человеке, и мера контрастности и удаленности этих состояний друг от друга определяет сущность жизни.

Каббала дает тебе бесконечные сосуды получения наслаждения. Тебя волнуют самые важные вопросы, и ты ощущаешь самую большую радость от их разрешения.

И. Винокур: Какие это вопросы?

ВОПРОСЫ И ОТВЕТЫ

М. Лайтман: Обладаю ли я свободой воли или мною управляют? Определяю ли я свою судьбу? Могу ли я выйти за пределы своей жизни и ощутить себя свободным от всех? Могу ли я распоряжаться собой вне зависимости от общества, или общество диктует мне мой образ жизни? Должен ли я подчиняться течению жизни, пытаясь избавиться от проблем и неприятностей, которыми я задавлен, или смогу подняться над ними и увижу, что это игра, и что мне ее устраивают специально.

Когда я поднимаюсь над этим, я чувствую: все, сейчас я свободен.

И. Винокур: Кто это делает?

М. Лайтман: Это делает Творец, чтобы вырастить, поднять тебя.

И. Винокур: Поднять куда?

М. Лайтман: Чтобы ты стал таким, как Он.

И. Винокур: Что означает быть таким, как Он?

М. Лайтман: Прежде всего, это значит познать Его. Это начало каббалы.

И. Винокур: А кто Он?

М. Лайтман: Он – это природа. Гематрия (числовое значение) слова «Элоким» – Творец, соответствует гематрии слова «тева» – природа. Когда мы начинаем постигать Творца, мы достигаем состояния, когда нам становится понятна вся природа.

И. Винокур: А что такое природа?

М. Лайтман: Природа это материальное, духовное, как все устроено, как все вращается, как все действует. Как происходило развитие еще до того, как была сотворена вселенная и все, что ее наполняет, со всеми галактиками, звездами, Землей и жизнью на ней? Как я продолжаю это развитие? Почему я родился? Для чего я существую? Что со мной? Как я должен продвигаться? Что происходит изо дня в день?

И. Винокур: Это Творец? Все, о чем Вы сейчас говорили, это – Творец?!

М. Лайтман: Это и многое другое, но это то, что касается меня. Почему ко мне так относится жена и дети, и ты, и все товарищи? Все это – Творец, и все вокруг – Его представители. Если я воспринимаю все, что находится вне меня, как сцену, на которой Творец так представляет себя, я проникаю сквозь эту картину и начинаю ощущать Его. И тогда я спрашиваю: «Что со мной происходит? Чего Ты от меня хочешь? Почему Ты мне посылаешь все это? Что Ты со мной делаешь?»

И. Винокур: И Он отвечает?

М. Лайтман: Конечно! Мы начинаем беседовать. Я требую от Него объяснений! Какой смысл, какова внутренняя суть вещей? Почему все это происходит, с какой целью? Это могут быть неприятные известия из банка, с места работы, от детей и жены, – тысяча вещей. Если за этим я раскрываю Творца, это стоит того.

Я оправдываю эти состояния, потому что постижение Божественного, для которого все и было мне подстроено, поднимает меня выше этой «сцены». Я понимаю, что все, что я испытываю, – это необходимо, что все эти ситуации я должен пройти Я оправдываю Его, я понимаю, что все они для моего блага, и поднимаюсь над ними.

И. Винокур: Этот процесс, о котором Вы говорили, и есть формула счастья? Когда мои вопросы, трудности и проблемы встречаются с Его наполнением и дополняют друг друга, это дополнение создает во мне ощущение счастья?

М. Лайтман: Да, но мои вопросы – это как душа в стадии развития, а Его ответы – это свет, который наполняет душу. Когда я нахожу связь с Ним и начинаю задавать вопросы, это становится развитием души, а Его ответы – ее наполнением. Это уже духовный процесс, благодаря которому я раскрываю Творца и связь с Ним. В той мере, в какой я связался с Творцом, я теряю связь с телом.

То есть я по-прежнему существую в теле, хожу на работу, борюсь с проблемами и неприятностями, но я начинаю проживать эту жизнь в ином качестве, в другом стиле, я воспринимаю ее как часть Его программы.

Я организую свою жизнь в связи с Ним, и жизнь становится счастливой, мне стоит жить. Даже в том, что представляется человеку самым ужасным, он видит высшую мысль и заботу Творца о том, чтобы приблизить человека к себе. Но все это при условии, что он не просто успокаивает себя психологически, а действительно реализует эту возможность и достигает раскрытия Божественного, а это возможно только с помощью изучения каббалы.

АБСОЛЮТНОЕ СЧАСТЬЕ

И. Винокур: Это как раз приводит меня к следующему вопросу. Я думаю, что счастье – это такое понятие, что если бы мы искали самый популярный ответ на вопрос, что ищут люди во все времена, ответ был бы «счастье». И в ответ на этот поиск рынок предлагает множество решений и способов, как стать счастливым. Есть множество методов достижения счастья, существуют различные формулы, системы, религии, верования, жизненные философии. Все это вертится вокруг счастья. Можно сказать, что счастье – это цель жизни, и мне предлагают много путей его достижения.

М. Лайтман: Прежде всего, каждый определяет счастье в соответствии со своим внутренним представлением о нем. Если мы говорим о простом человеке, ему нужна зарплата, чтобы обеспечить семью, он хочет работать, немного отдыхать, немного развлекаться, и в этом состоит его счастье, ему не нужно больше. Человек более развитый скажет, что он хочет путешествовать, узнавать новое. Для третьего счастье – это значит объехать весь мир, увидеть новые страны, для четвертого – это достижении власти, для пятого – это значит стать знаменитым актером или ученым, достичь известности…

И. Винокур: Но на самом деле, какая разница? Есть пять человек, каждый стремится к чему-то своему, и все желают достичь одного и того же ощущения, которое называется счастьем.

М. Лайтман: Правильно, но в этом заключается развитие. Тот, кто сегодня счастлив, получив определенную сумму денег, тот, кто желает путешествовать, и тот, кто хочет власти, – каждый из них, согласно своему внутреннему развитию, изменит свое представление о счастье и будет желать чего-то другого.

Понятие счастья в человеке меняется, и он постоянно устремляется за новым счастьем.

И. Винокур: Есть такое понятие «абсолютное счастье»?

М. Лайтман:

 Абсолютное счастье – это высший свет, который не должен облачаться в детей, семью, зарплату, власть, уважение, деньги или знания. Высший свет абстрактен, он наполняет тебя – и все.

И. Винокур: Свет облачается в детей? Я не понял. Мы говорили, что понятие счастья изменяется по мере развития человека. Это я понимаю, с этим я согласен, и мне кажется, что это ощущает каждый.

М. Лайтман: Но затем, когда развитие человека достигает определенной границы, он начинает видеть, что не может получить счастье ни от каких одеяний этого мира: ни от денег, ни от власти, ни от семьи…

И. Винокур: Это уже не удовлетворяет его?

М. Лайтман: Да, он не может наполниться этим. Но ведь он все равно стремится к счастью, к чему же он стремится? Он стремится к отвлеченному свету, не облаченному в богатство, власть, знания и так далее.

И. Винокур: Что такое «отвлеченный свет»?

М. Лайтман: Это наполнение наслаждением само по себе. Сегодня ты видишь в мире множество людей, которые находятся в отчаянии. «Почему? Чего тебе не хватает?» – «Не знаю, все бессмысленно».

И. Винокур: И именно здесь их поджидает множество систем и жизненных философий, которые говорят: «На самом деле тебе не нужны ни цель номер один, ни цель номер два, ни цель номер три. Возвращайся домой, и ты сможешь найти свое счастье за счет внутренних изменений». Миллионы книг, миллионы методик, зайдите в любой магазин – и вы их найдете.

Что Вы думаете о преумножении путей достижения отвлеченного света, не связанного с той или иной целью?

М. Лайтман: Я очень рад, что это существует, – ведь это поможет человеку быстрее проверить все эти методики и прийти к выводу, что все они ни к чему не приведут.

МЕТОДИКИ И КРИТЕРИИ

И. Винокур: Почему?

М. Лайтман: Потому что они основаны на подавлении желания.

И. Винокур: Что значит на подавлении? Есть свидетельства, есть доказательства, есть люди...

М. Лайтман: Все это временно, пока эти люди не вырастут. Но когда они вырастут, они потребуют только света или раскрытия Творца, поскольку это источник нашего существования. Человек постоянно приближается к этому, желая наполниться одним, другим, третьим, пока не доходит до желания наполниться Творцом.

Он не знает, чего именно он хочет. Он приходит в каббалу с ощущением «у меня ничего нет». Он говорит: «Я не знаком со всеми этими системами и не хочу их знать» или «Я был связан с ними и видел, насколько все они пустые; я больше не хочу иметь с ними дела, я видел, что в конечном итоге они не наполняют меня». Человек внутренне ощущает, что он больше не в состоянии заниматься этим. И тогда он приходит к изучению каббалы.

И. Винокур: Вы помните, в начале нашей беседы, я спросил Вас, счастливы ли Вы, и Вы ответили: «Да». Если я спрошу сто человек, они тоже скажут мне: «Да». И, тем не менее, Вы по-другому относитесь к своему счастью. Вы говорите: «Они счастливы, но это скоро пройдет».

М. Лайтман: Потому что я знаю, как развивается человек на протяжении всей истории и как он развивается в течение жизни.

В конце концов, он разочаровывается во всех этих поисках счастья, которыми он наполняется на короткий период, а затем снова отправляется на его поиски...

А когда он приходит в науку каббала, то видит, что здесь происходит встреча с настоящим, абсолютным счастьем.

И. Винокур: Что является критерием? Дайте мне какую-то шкалу для измерения.

М. Лайтман: Критерий абсолютного счастья – это свет, без каких либо одеяний. Он не облачается ни в деньги, ни во власть, ни в уважение, ни в семью и детей, ни в отдых, ни в путешествия, – это свет в чистом виде. Это то наполнение, которого достигает человек вследствие занятий каббалой. И нет ничего выше этого, ведь сам этот свет создал в нас все желания. Поэтому, если он наполняет наши желания, это создает ощущение полного счастья.

И. Винокур: Методы достижения счастья, о которых я говорил (я не являюсь большим специалистом в этом вопросе), в общих чертах можно разделить на две категории. Одна обещает тебе счастье за счет достижения материального успеха, а другая дает тебе счастье через восприятие, осознание, отношение к жизни и так далее.

Отбросим пока что все методики, которые предлагают нам достижение счастья через материальное преуспевание и останемся только с теми, которые обещает мне путь к счастью за счет изменения отношения, подхода, мыслей и взгляда на жизнь. Многие из этих методик дают людям ощущение света, ощущение счастья. Поэтому я прошу Вас: дайте мне линейку, чтобы измерить, что это действительно абсолютное счастье. Люди говорят, что это и есть свет.

М. Лайтман: Послушай, я знаю, что у тебя есть дети, я с ними знаком. Когда ребенок пяти лет хочет электрическую машинку с дистанционным управлением и резиновыми колесами и получает ее, он счастлив?

И. Винокур: До тех пор, пока она не сломается через полдня.

М. Лайтман: Ты можешь прийти и сказать этому ребенку: «Но настоящее счастье заключается в том, чтобы…»?

И. Винокур: Нет.

М. Лайтман: Так же и с людьми. Как я могу убедить в чем-то человека, который обладает определенными материальными органами восприятия действительности и думает, что самое главное – управлять чем-то или быть известным в каких-то кругах. Как я могу сказать ему: «Оставь! Какое тебе дело, что о тебе будут говорить? Есть вещи более высокие». Мы всегда обращаемся к человеку в соответствии с его уровнем. У него есть конкретное желание, ты не можешь перепрыгнуть через него, так же как ты не можешь взять ребенка пяти лет и сделать из него пятнадцатилетнего.

И все человечество состоит из множества уровней развития. Есть такие, которые не думают не о чем, кроме существования, и не хотят ни о чем думать до тех пор, пока не произойдет внутреннее развитие эгоизма и не подтолкнет их к тому, что они начнут хотеть все больше и больше. Я видел это на протяжении своей жизни. Я рос в больших аудиториях: в университете, в армии, – работал в разных местах. Я смотрю на этих людей через тридцать, даже сорок лет и вижу, насколько они все-таки изменились.

Когда тридцать лет назад им становилось известно, что я занимаюсь каббалой, они говорили мне: «Что с тобой? Зачем тебе это надо? Ты молодой, наслаждайся жизнью, делай деньги, поехали за границу…» Тридцать лет назад все эти темы были очень горячими. И я вижу, что сегодня они приходят к настоящим потребностям.

И. Винокур: Что значит «настоящие потребности»? Им не хватает чего-то более настоящего, истинного?

М. Лайтман: Да, они ощущают пустоту и находятся в поиске. Я не могу прийти и сказать им: «А-а-а, вы меня не слушали, смеялись надо мной…» Я не могу так сказать, это путь развития человека!

И. Винокур: Давайте остановимся на понятии «опустошенность». Сегодня уже не надо убеждать человека, что, имея все в материальном, он может ощущать пустоту внутри себя, в сердце. Это общеизвестно. Давайте возьмем стакан воды, который наполовину пустой, наполовину полный. Многие теории достижения счастья говорят: «Прими свою жизнь такой, как она есть. Ничего не надо менять, все зависит от того, на что ты решаешь обращать внимание, на пустую верхнюю часть или на нижнюю полную».

М. Лайтман: Дорогой мой, это именно то, о чем я тебе говорил. Все эти теории построены на подавлении эгоизма. У меня есть стакан, наполовину пустой, наполовину полный. Давай сделаем так: не обращай внимания и не ощущай пустую половину стакана, ощути свое желание только на ту часть, которая наполнена, – и тогда ты почувствуешь счастье.

Но этим ты уменьшаешь себя, поскольку ты не будешь требовать наполнения этой пустой части.

И. Винокур: Ни у кого нет полного стакана. У каждого есть половина пустая, половина полная, – и сколько бы человек ни требовал, половина всегда остается пустой.

М. Лайтман: Ничего подобного, пустая половина – это то, что делает тебя развивающимся человеком.

Все методики говорят: «Будь доволен тем, что у тебя есть. Не требуй большего, и ты будешь счастлив». Это то же самое, что принять таблетку, которая дает тебе искаженное представление, с которым ты живешь до конца жизни. В таком случае, может быть, это и хорошо. Если я неизлечимо болен или у меня существует неразрешимая проблема, дай мне эту таблетку лжи, – и ничего кроме этого я не хочу. Это метод, я не отрицаю.

Кроме депрессии и ощущения опустошенности, весь мир употребляет наркотики. Почему? Он не хочет видеть и чувствовать эту пустую половину. Это и есть причина.

Если ты даешь человеку методику, которая состоит в том, чтобы видеть не только наполненную часть желания наслаждаться, а научиться наполнять пустую. Тогда, даже если пустая и будет увеличиваться, каждый раз по мере ее роста, ты сможешь немедленно ее наполнять. Что может быть лучше?

Ты даешь человеку ощущение жизни, он не должен закрывать глаза и действовать против природы, ведь природа все равно развивает в нем эгоизм, и он не может получить удовлетворение от того, что он делает, а должен постоянно ограничивать себя, опускаясь до уровня более мелких желаний. Так работают все религии, верования и все учения, кроме каббалы. А каббала говорит о том, как наполнить эту пустую половину.

И. Винокур: Предположим, Вы ее наполнили, что дальше?

М. Лайтман: Пожалуйста, пусть продолжает расти, у меня есть методика, с помощью которой я могу непрерывно ее наполнять. Каждый раз я наполняю ее, как только она увеличивается. Я благодарен за то, что эта пустая часть растет.

Каббала – это единственная методика, которая учит, как получать – наука получения («каббала» – получение).

И. Винокур: Если я понял Ваше объяснение, здесь есть два этапа. Сначала я беру половину пустого стакана, а затем наполняю его. Наполнил. Снова беру новую часть пустого стакана и наполняю ее.

М. Лайтман: Более того: у тебя есть полная и пустая части…

И. Винокур: Каждый человек в каждую минуту своей жизни находится в этом состоянии. Правильно?

М. Лайтман: Ты пришел в науку каббала, тебя учат, как наполнить пустую часть. Когда ты знаешь, как ее наполнить, она увеличивается – и ты наполняешь ее; она снова увеличивается – и опять ты наполняешь ее.

В каббале ты не опустошаешься, а постоянно продвигаешься и добавляешь. Твой эгоизм становится больше – и ты снова знаешь, как его наполнить.

«Чем больше человек, тем больше его желания». И он достигает величия именно потому, что умеет правильно наполнить их.

 Большой каббалист – всегда очень большой эгоист, который умеет работать со своим эгоизмом, чтобы полностью наполнить его.

Он никогда не впадает в отчаяние, а переживает непрерывное приключение, развитие, как ребенок, который встает утром с широко раскрытыми глазами и наслаждается жизнью.

И. Винокур: А где здесь Творец, которого, как Вы сказали раньше, надо встретить, чтобы стать счастливым?

М. Лайтман: Наполнение, которое человек получает в пустую часть стакана, – это Творец.

Он наполняет себя ощущением Творца. Это именно то, что он получает. Полная часть стакана – это ощущение материальной (прошу прощения, «животной») жизни, которую ведет наше тело. А пустую часть, которую Творец специально создал, человек наполняет ощущением Творца. И тогда в той части, которая наполнена, он ощущает этот мир, а наполняя пустую часть, он ощущает высший мир. И эта часть, которая была пустой и наполнилась, она вечная, она не исчезает, а остается навсегда. А та часть, которая была наполнена изначально, исчезает, тело умирает, эта жизнь пропадает из нашего ощущения, и человек остается с той частью, которую он наполнил. Ведь, наполнив эту пустую часть, он наполнил себя сам и этим уподобился Творцу. Эта часть остается.

Что такое душа? Сказано, что это «часть божественного свыше». Часть Творца, которая наполняет эту пустую половину, – это душа человека, и с ней он продолжает вечную жизнь. Это то, что ты получаешь от науки каббала.

Ты получаешь не просто умиротворение или счастье, ты получаешь вечную жизнь.

О собственном «Я»

Беседа девятнадцатая,
которую мы ожидаем с большим нетерпением,
чтобы получить ответ на вопрос:
что же это такое — «Я» человека,
в соответствии с наукой каббала?
Ответ каббалиста превзошел все наши,
даже самые смелые, ожидания…

СОБЕСЕДНИК МАУРО АДМОНИ

М. Адмони: У меня есть вопрос, который очень занимает меня в жизни от боли, от запутанности. Я сегодня очень взволнован и рад, что могу задать Вам этот вопрос: что такое «Я»?

М. Лайтман: Это неизвестно человеку. Мы ощущаем себя уже существующими в этом мире. Скажем, сейчас сидят два существа друг напротив друга, между ними происходит некая коммуникация, беседа. Почему именно таким образом мы общаемся друг с другом, почему мы воспринимаем мир так, как мы его воспринимаем; почему это не происходит как-то иначе? Почему, почему, почему – на эти вопросы нет ответов, пока человек не раскроет свой ящик Пандоры, весь целиком, и не начнет постигать творение.

Нет творения без Творца.

Я не могу найти себя, если я не нахожу того, кто меня создал, если я не раскрываю Его, Его намерения относительно меня, ведь я результат Его действия, действия Высшей силы. Даже если я что-то узнаю о себе, так же, как мы узнаем это с помощью психологии, медицины, биологии и других наук, – я все равно не постигаю себя, я не знаю, кто «я». Я могу исследовать – и мы изучаем это в разделе естественных наук – и растительный, и животный уровни природы, но уровень человека «говорящего» мы познать не можем.

Я могу изучить свое тело, как оно действует, функционирует. Это очень сложно, но кое-как я это постигаю. Однако свой внутренний мир, свою психологию, так называемый «духовный мир человека», который во мне, – этого я не знаю.

Для этого я должен подняться на еще более высокий уровень.

Также как я изучаю неживое, растительное и животное, поскольку я человек и нахожусь выше, чем они. И чтобы понять, кто такой человек, я должен подняться на более высокий уровень. Поэтому я говорю: если я не узнаю, кто такой Творец, который создал меня, я не постигаю себя.

М. Адмони: Судя по всему, пройдет много времени, пока мы это узнаем?

М. Лайтман: Это займет не так уж много времени. Но это прекрасное, глубокое и очень увлекательное приключение, которое буквально захватывает человека, и, в конце концов, мы должны обрести себя.

М. Адмони: Это похоже на последние ступени нашего развития, а я хотел бы начать с ощущения, которое немного объединяет меня и наших читателей. Буквально в двух словах: я занимался художественной фотографией, это проявилось неожиданно в Италии; до этого я не думал, что у меня есть к этому способности. Я начал фотографировать, мои работы очень понравились, я добился определенных успехов, и неожиданно поймал себя на мысли, что просто это не «я». Я вдруг почувствовал, что это ложь, что я не работал для этого. И я спрашиваю Вас: все, что в нас есть – желания, способности, те или иные таланты, – что из этого я могу назвать своим, где здесь «я»?

М. Лайтман: Таланты, безусловно, не твои. Всевозможные свойства, склонности, особенности – конечно, не твои. Желания – мы не знаем. Ведь это факт, что мне неизвестно, что я захочу в следующую минуту. То есть я не хозяин своих желаний. Я не знаю, о чем я подумаю в следующую минуту, – а значит, я не хозяин собственных мыслей. То есть я вижу, что все, что во мне есть, все, что я в себе обнаруживаю, – это вообще определяю не я. Не говоря уже о том, что это не я решил, как мне родиться, с какими свойствами, в какой семье и как воспитываться, как стать тем, кем я сейчас являюсь. А если мы обращаемся к биологам, генетикам, они говорят, что все зависит от генов: кто ты и что ты. Мы знаем, что каждая склонность связана с определенным геном, который отвечает за нее, и поэтому ты ведешь себя именно так. Короче говоря, изо дня в день нам становится ясно, что человек – это просто некая машина, которая сама ничего не решает. Точно так же, если мы обращаемся к социологам, они говорят, что человек – это продукт общества, в котором он находится; давайте поместим его в другое общество – получим другого человека.

В СКРЫТИИ

М. Адмони: Так что – меня нет?

М. Лайтман: Наука каббала говорит, что в той плоскости, в которой мы существуем сегодня, мы созданы подобно животным. Так сказано о нас.

Нет понятия «я», нет свободы воли, нет ничего; мы плывем по течению и даже не отдаем себе отчета в том, что мы просто повинуемся силе, которая нами движет.

М. Адмони: Я изучаю каббалу уже несколько лет, и поэтому для меня не является потрясением то, что Вы говорите, что нет понятия «я», и все это только следствие. Но я спрашиваю: ведь я все равно ощущаю, что это я чувствую, я хочу, я выбираю, я делаю. Что это?

М. Лайтман: Это скрытие, результат скрытия.

Высшая сила полностью управляет тобой, как сказано в псалмах Давида: «Сзади и спереди Ты объемлешь меня». Тебя охватывает Высшая сила – и ни на одном уровне: ни в мыслях, ни в желаниях, ни в действиях, ни в намерениях, – ни в чем нет ничего твоего.

Ты спросишь, на каком основании мы оцениваем человека, осуждаем его, наказываем его или наоборот поощряем; за что мы получаем вознаграждение и наказание в нашей жизни?

Вся эта жизнь нам только кажется. Нет ничего «нашего» в этой жизни, пока человек не начнет подниматься с того уровня, где он полностью управляем, на духовный уровень. Тогда он раскрывает место, где он свободен в своих мыслях, действиях, намерениях и в желаниях – там он действует и строит себя.

Только тогда человек строит сам себя, создает себя.

М. Адмони: Вы хотите сказать, что то, что я сейчас чувствую, – а я чувствую, что я существую, думаю и все остальное…

М. Лайтман: Это скрыто, что ты не существуешь единолично, самостоятельно, что ты кукла, которой управляют, которая не чувствует нитей, приводящих ее в движение.

М. Адмони: Хорошо. И какова цель всего этого?

М. Лайтман:

 Цель создания этого мира – довести тебя до состояния, которое вызовет у тебя отчаяние!

Показать тебе, что ты не способен, то есть поставить тебя в такие условия, привести тебя к таким состояниям, к таким ситуациям, что ты увидишь, что ты ничем не управляешь, что ты ничего не можешь сделать.

Это то, что наш мир сегодня постепенно раскрывает. Люди поймут, что они, в общем-то, не действуют, что их заставляют действовать, – и таким образом Природа просто толкает их куда-то, и кто знает куда? Природа не знает компромиссов.

Как же человек может преодолеть и справиться с теми проблемами, которые стоят перед ним?

В человеке пробуждается стремление достичь более высокого состояния, чтобы все-таки стать чуть более свободным, более самостоятельным, более возвышенным, и не закончить свою жизнь, все 70 лет из которых потрачены только на заботы этой жизни. Когда все это пробуждается у нас – и это происходит обязательно, а не по нашему выбору (и плохое – разочарование в этой жизни, и хорошее – желание продвинуться к высшей ступени) – это приводит нас к новому состоянию. И когда мы поднимаемся до этого состояния, мы раскрываем, что действительно были просто марионетками.

М. Адмони: Я даже не знаю, как я должен отнестись к тому, что Вы сказали. Значит, когда я думаю, это навязывает мне кто-то? Кто находится выше меня? Когда я чего-то желаю, это связано с системой, которая управляет мной? Все, что я обнаруживаю, за меня делает кто-то? Что это?

М. Лайтман: Это система, которая называется Элоким – Творец, в гематрии (числовом значении) Природа. То есть это всеобъемлющая высшая Природа, которая сейчас нам неизвестна, мы должны ее раскрыть, мы можем. И мы существуем в этой системе. И если я обнаруживаю, что я часть этой системы, – мне раскрываются силы, которые я могу использовать; свойства, которые я могу улучшить и за счет этого что-то изменить. Мне раскрывается возможность работать с этой огромной реальностью, которая является Божественной системой. И когда я исправляю себя, уравновешиваю себя с этой системой, я начинаю работать с ней, я начинаю жить на вечном и совершенном уровне – совсем ином, чем уровень жизни моего тела. Это то, что называется жизнью души. Все это здесь, только я не ощущаю этих сил. Но я могу ощутить их в моем чувстве и разуме так же, как я ощущаю этот мир и даже намного более этого.

М. Адмони: Значит, все мои мысли и желания не мои? Но Вы говорите, что я должен что-то исправить.

М. Лайтман: Нет, нет, – все твое,- но в рамках этого мира, на уровне этого мира, который тебе сейчас раскрывают, ты ничего не можешь сделать. Если ты хочешь что-то изменить, ты можешь сделать это, поднявшись на более высокий уровень, где принимаются решения и откуда силы спускаются в наш мир. Если ты станешь частью высшей системы, ты тоже сможешь исправить этот мир. В этом мире мы получаем указания, которые вынудят нас подняться на более высокий уровень, чтобы хотя бы спасти себя в этом мире от страданий. Нам кажется, что мы поднимаемся вверх, чтоб оградить себя от бед, и неожиданно обнаруживаем – там Жизнь и светлый прекрасный мир.

М. Адмони: Я могу согласиться и понять, поскольку хочу этого, а все плохое, что происходит в жизни призвано подтолкнуть меня к поискам смысла.

М. Лайтман: Поэтому ты пришел к нам, как мне кажется.

М. Адмони: Да, поэтому я пришел. Но все это еще скрыто от меня, я не могу этого понять. Поэтому не могли бы Вы поделиться своими ощущениями, ведь Вас тоже волновали поиски своего «Я». Вопрос о смысле жизни. Не могли бы Вы передать свое ощущение в пути, до того как начали ощущать духовный мир, и что происходит с этим ощущением и постижением после того, когда Вы уже вошли в духовный мир?

М. Лайтман: Я бы назвал это скрытой депрессией. С детства, с пяти-шести лет, насколько я себя помню, я всегда чувствовал, что не удовлетворен этой жизнью. Я постоянно спрашивал: «Почему? Зачем? Что здесь делать?» Я смотрел на других и думал: «Для чего они живут? Почему они так проводят свою жизнь?» Многие дети чувствуют то же самое. Меня это ощущение не покидало и заставляло продвигаться дальше. Такие люди существуют. Иногда я встречал их в жизни. У меня это выражалось в том, что все, что я делаю, всегда было на фоне какого-то отчаяния, какой-то депрессии, я бы сказал, и это не просто подавленность. Мне было совершенно ясно, что эта тяжесть вызвана вопросом: что мне делать в этой жизни?. И дело не в том, что я хочу умереть; я просто хочу знать: для чего жить, для чего стоит жить.

М. Адмони: Вы задавали себе вопрос по поводу своего «Я», кто такой «Я»?

М. Лайтман: Я не очень интересовался вопросом, кто такой «Я». Меня больше интересовал вопрос, для чего я существую. Так мне помнится. И этот вопрос привел меня к поиску. После всех университетов, после научной работы, я преуспевал, у меня был процветающий бизнес, я был богат, и вдруг я узнал, что существует наука каббала. В глубине души я уже не надеялся ничего найти, я постоянно был в поиске, бросался то в одно место, то в другое: может быть, я что-то найду? Может быть, что-то услышу? Может быть, кого-то?.. – Нет. Кроме того, я не верил ни в религию, ни в мистику. Я видел людей, которые этим занимаются, и понимал, что с ними у меня нет ничего общего. Их образ жизни, их вопросы, их цели меня не удовлетворяли.

Поэтому я продолжал искать, пока неожиданно эта информация просто не свалилась на меня: мне сказали: «Наверное, ты ищешь каббалу, иди и спроси каббалистов». Я не знал, о чем идет речь, но немедленно поехал и купил в Бней Браке все книги. Я ничего не понял, они были написаны на арамейском языке шрифтом Раши – это трудноразрешимая проблема. Но в конечном итоге через много лет (я все-таки не бросил этого занятия), пройдя через несколько рук, я оказался у своего учителя. И только там впервые в жизни (мне уже было 35 лет) я задал вопросы и получил на них ясные ответы. Я думаю, что я и спросил тоже впервые. До этого я не спрашивал; видел по человеку, что он не готов ответить, не знает, что отвечать.

М. Адмони: Что Вы узнали у РАБАШа, Вашего учителя, о самом себе? Какой процесс Вы прошли?

М. Лайтман: РАБАШ сказал простые вещи, он сказал: «Все – это ощущения, чувства». А я пришел из мира разума, сам я рационалист и очень доверяю науке, знаниям, доказательствам. И вдруг человек говорит мне, что все – это чувства. Мне было это совсем непонятным, меня это охлаждало, отталкивало. Что такое чувства? Как можно доверять чувству? Как можно полагаться на чувство (сегодня я чувствую себя так, завтра иначе)? Что он имеет в виду? Пока я не понял, что под ощущением, под чувством подразумеваются наши органы восприятия и контроль над ними с помощью разума, и это действительно система, система эмоциональная, рациональная, которая взаимодействует между собой очень сложным образом и, в конечном итоге, именно из этого состоит мое «Я», о котором ты спрашиваешь.

ДРУГАЯ РЕАЛЬНОСТЬ

М. Адмони: Я хочу, чтобы Вы описали в очень чувственной форме, насколько это возможно: допустим, человек входит в духовный мир; до этого он ощущал свое «я», так же, как я это чувствую...

М. Лайтман: А что ты чувствуешь – что у тебя есть тело, мясо, на которое надета одежда, а внутри этого тела существует твое внутреннее «Я», то есть некое внутреннее ощущение, которое является твоим «Я»?

М. Адмони: Что происходит, когда человек входит в духовное? Что изменяется в его ощущении?

М. Лайтман: Прежде всего, тело вообще не принимается во внимание. Это машина, к которой ты относишься, как к корове, к ослу, который живет рядом с тобой и должен обслуживать тебя. Ты должен заботиться о нем именно так, чтобы для него это было полезно, хорошо, правильно – это первое. Второе, мое «Я» начинает проясняться: что собой представляет мой разум и мое сердце. Мое «Я» состоит из двух частей: из разума и сердца. Я начинаю понимать, что главное – это сердце, орган ощущений, впечатлений, через который я ощущаю себя и реальность, «Я» и мир. Рядом с этим развивается разум, чтобы понять, кто такой «Я», что такое мир и какая связь между мной и миром. Разум и сердце вместе, взаимодействуя между собой, развивают и строят мое «Я».

М. Адмони: Ты встаешь утром, после выхода в духовный мир, смотришь на себя в зеркало, смотришь на людей, которые тебя окружают... Я все-таки хочу понять, что это за ощущения, что это за чувства? Простыми словами: как Вы себя чувствуете?

М. Лайтман: Я чувствую, проснувшись прекрасным утром, после того как я оказался на другом уровне реальности, что мое «Я» включает в себя все.

М. Адмони: Что это значит?

М. Лайтман: Все.

Очень просто. Иной уровень реальности означает, что все люди, весь мир, – все это находится во мне, внутри меня, а не снаружи. То, как они себя ведут, и то, что они делают, – все это происходит во мне. Я состою из них, а они не существуют вне меня. Когда с ними происходит что-то плохое, хорошее, я не воспринимаю это таким образом. Я вижу, как мои части взаимодействуют между собой, как между ними происходит некоторая внутренняя коммуникация. Я действительно вижу мир в себе, ничего не вижу извне. Я говорю о духовном мире.

А на материальном уровне я должен вести себя так, как это принято в материальном мире, то есть, воевать, зарабатывать и делать все, что необходимо. Но и здесь тоже, когда я выполняю все эти действия, я вижу, что делаю это, исходя из Высшей необходимости.

М. Адмони: А что же происходит с твоим ощущением? Что это? Миллиарды людей – это «Я»?

М. Лайтман: Они не мешают. Они не мешают, потому что являются частью моего строения, я охватываю их одним взглядом. Также как сейчас мое тело состоит из миллиардов частиц, кислот, электрических сил, и это не сбивает меня с толку, также меня не путает вся эта большая система, ведь, она целиком включается в мое ощущение. Мы же не сходим с ума от этого мира, а ведь в нем есть так много деталей. Они не мешают.

М. Адмони: Почему?

М. Лайтман: Потому что это система, с которой я нахожусь в определенной взаимосвязи. Это удивительные ощущения.

М. Адмони: Вы можете описать, как Вы это ощутили впервые? Вдруг начали чувствовать всех?

М. Лайтман: Нет. Сначала возникают другие ощущения, сначала они приходят в виде какого-то облака Высшей силы, которая наполняет мир с огромной любовью. От этого наполнения воздух становится плотным, и ты ощущаешь на себе эту теплую силу, которая организует все от начала и до конца. Иногда тебе раскрывается это в такой форме, иногда в иной, – есть много возможностей. В этом состоит процесс развития. Допустим, мы учим о светах и сосудах, о их восприятии, и ты чувствуешь вход и выход светов и все происходящее с ними, – все, что ты учишь в каббале (поднимаешься с уровня на уровень, вход – выход, соударения), все это ты ощущаешь внутри себя, это происходит в тебе.

М. Адмони: Что Вы чувствуете по отношению к другим людям?

М. Лайтман: Я чувствую, что они находятся в моей системе.

М. Адмони: Что Вы ощущаете по отношению к ним?

М. Лайтман:

 Все люди на самом деле являются частью меня, и я не отношусь к ним, как к чужим. Я ощущаю, что это я, и поэтому я должен заботиться о них, как о себе самом.

Мое восприятие разделяется на несколько этапов, несколько пластов. Я должен позаботиться о том, чтобы они тоже достигли этого ощущения.

М. Адмони: Почему? Почему Вы должны заботиться об этом?

М. Лайтман: Потому что эта обоюдность выводит всех нас на еще более высокий уровень. Человек начинает чувствовать, что они являются частями его системы. Он хочет подняться вместе с ними, начинает относиться к ним, как к детям, о которых должен заботиться, и хочет, чтобы они возвысились еще больше, чем он.

Он начинает чувствовать, насколько он зависим от них.

Я – ЭТО ВЕСЬ МИР?!

М. Адмони: И это «Я»? Где мое «Я»?

М. Лайтман: Все это «Я».

«Я» – это весь мир, человек – это маленький мир.

М. Адмони: И Творец тоже находится внутри него?

М. Лайтман: Да. Человек раскрывает, что именно он включает в себя все мироздание.

М. Адмони: Включая Творца?

М. Лайтман: Включая Творца.

М. Адмони: Внутри?

М. Лайтман: Внутри нас.

Он самый внутренний.

М. Адмони: Значит, есть «Я» и есть Творец?

М. Лайтман: Нет, нет. Я включаю в себя все.

М. Адмони: Вы чувствуете, например, Вашего учителя РАБАШа и Бааль Сулама, как часть себя?

М. Лайтман: Всех. В той системе, которую я постигаю, я ощущаю их как силы, как желания, как любовь, которая выражается каждым из них по-разному. Они поддерживают, поощряют, помогают, заботятся, конечно. Поэтому я говорю, что, прежде всего, это раскрывается в ощущении, в чувстве, а затем вступает в действие разум, чтобы исследовать все эти явления и вызвать в тебе ответные действия.

М. Адмони: Есть высказывания Авраама Кука, которые я специально подобрал для нашей беседы: «Как бы я хотел собрать все человечество воедино, чтобы обнять всех». Как это отзывается у Вас?

М. Лайтман: Это очень большой человек, великий каббалист, все его книги – это истинная каббала. РАБАШ очень уважал его, он говорил, что Бааль Сулам был его другом.

М. Адмони: Они понимали друг друга?

М. Лайтман: Между ними были очень теплые взаимоотношения. Что значит, что он хотел бы объять весь мир? Так он чувствует, исходя из своего постижения. Ему естественно, инстинктивно хочется обнять весь мир, так же, как тебе хочется обнять своего маленького ребенка. Это внутреннее побуждение вызвано любовью; это то, что он чувствует, это как крик души.

М. Адмони: А Вы согласны с этим?

М. Лайтман: Ну, я еще далек от такого высокого уровня, но я надеюсь его достичь. В сущности, это общая цель: «возлюби ближнего, как самого себя» – это великое правило Торы, общий закон всего нашего исправления, каждого из нас.

М. Адмони: То есть каждый из нас ощутит, что его «Я» – это все?

М. Лайтман: Да.

М. Адмони: И тогда меня уже не дергают за ниточки? Я уже не управляем?

М. Лайтман: Нет.
Тогда ты уже начинаешь сам определять происходящее.

М. Адмони: А что будет с моей индивидуальностью? Что от нее останется?

М. Лайтман: Только тогда ты становишься самим собой.

А сегодня ты, извини, просто марионетка. Написано, что все созданы подобно животным, и мы должны выйти из этого состояния, в котором мы полностью зависимы, и достичь более высокого уровня.

М. Адмони: Будем надеяться, что мы раскроем свое истинное «Я». Спасибо, профессор Лайтман!

Дополнительная информация

ГЛОССАРИЙ

АРИ – сокр. от Ицхак Лурия Ашкенази (1534 – 1572). Один из величайших каббалистов в истории человечества. Создал основополагающую систему обучения каббале. Основной труд – книга «Древо жизни».

Бааль Сулам – Йегуда Ашлаг (1885 – 1954) – основоположник современной науки каббала. Основной труд – «Учение десяти сфирот». Имя «Бааль Сулам» получил после выхода в свет комментария на Книгу Зоар под названием «Сулам» (ивр. лестница).

Бина – сила отдачи, свойство света, в котором ощущается наслаждение от отдачи, подобия Творцу.

Душа = экран – желание, стремление, намерение доставить удовольствие Творцу, так же, как и Он стремиться дать наслаждение Душе. Состоит из двух компонентов: света (наслаждения) и сосуда (желания к этому наслаждению), причем, сосуд – это суть Души, а свет, наполняющий его, – наслаждение, уготованное Творцом. Душа постепенно развивается в человеке, находящемся в нашем мире, если он изучает и исполняет духовные законы.

Единая душа – созданное Творцом общее желание, наполненное общим светом, наслаждение.

Келим – (ивр. сосуды, мн.ч. от кли) составные части кли = желания = инструменты восприятия, которые появляются в результате полученного опыта.

Книга Зоар – широко известная каббалистическая книга, написана примерно в 120 году н.э. Автор: рабби Шимон бар Йохай (сокр. РАШБИ). В ней впервые описана зависимость и влияние наших действий на различные явления, обмен информацией, свойствами и качествами между двумя мирами. Она охватывает практически полное развитие событий в течение всей истории человечества. Однако книга эта очень скрытая, сжатая. Кроме того, многое из этой книги утрачено.

РАБАШ – сокр. от Барух Ашлаг (1906 – 1991) – сын и ученик Бааль Сулама, автор книги «Ступени лестницы», описывающей все этапы внутренней духовной работы человека.

РАМБАМ – сокр. от Рабейну Моисей Маймонид (1135 – 1204) – великий ученый: каббалист, философ, врач. Автор труда «Путеводитель растерянных».

Свет – воздействие Творца, ощущаемое как наслаждение, желание насладить.

Свет, возвращающий к Источнику – свет, создающий в нас желание отдавать. Он раскрывается нам не как сильнейшее наслаждение, а как «Величие высшего», и это пробуждает в нас желание отдавать Творцу.

Тифэрэт – свойство, основанное на принципе «получение ради отдачи», использующее желание получить, насладиться – ради отдачи Творцу.

Точка в сердце – термин «сердце» употребляется для обозначения всех желаний человека. «Точка в сердце» – зародыш будущей Души, помещенный в сердце человека самим Творцом.

УДС – «Учение десяти сфирот» – основной каббалистический учебник нашего времени, 6 томов, более 2000 страниц. Включает в себя вопросы и ответы, материалы для повторения и запоминания, объяснения, графики и чертежи. В книге дается описание законов и сил, управляющих нашим мирозданием.

Ударное взаимодействие – взаимодействие света с экраном, когда кли (человек, творение) в стремлении к единению с Творцом делает огромные усилия и, превозмогая собственную природу, отталкивает свет (наслаждение) ради слияния (уподобления) с этим светом.

Хохма – свойство света, включающее в себя все наслаждение Творца, определяемое как сущность и жизнь творения.

Экран – свойство Души, сила сокращения, которая пробуждается в творении относительно Высшего света, с целью предотвратить самонаслаждение. Сила преодоления, сопротивления эгоизму (желанию получить ради себя).

МИХАЭЛЬ ЛАЙТМАН

Доктор М. Лайтман – основатель и руководитель Международной академии каббалы

Михаэль Лайтман (философия PhD, биокибернетика MSc) – всемирно известный ученый, исследователь в области классической каббалы, доктор философии, профессор онтологии и теории познания, основатель и руководитель Международной академии каббалы и Института исследования каббалы им. Й. Ашлага (ARI – Ashlag Research Institute) – независимых некоммерческих ассоциаций, занимающихся научной и просветительской деятельностью в области науки каббала.

М. Лайтман родился в 1946 г. в г. Витебск (Беларусь). В 1971 году окончил Ленинградский Северо-Западный заочный политехнический институт, где изучал биологическую и медицинскую кибернетику. В рамках обучения занимался исследовательской деятельностью в Институте исследования крови, специализируясь на электромагнитном регулировании кровоснабжения сердца и мозга. Последние 30 лет занимается исследованием науки каббала. Живет в Израиле, женат, имеет троих детей.

В 1978 г. научные исследования привели М. Лайтмана к изучению древней науки каббала. Став учеником каббалиста Баруха Ашлага (1906-1991), сына и последователя величайшего каббалиста XX в. Йегуды Ашлага (Бааль Сулама) (1885-1954), автора комментария «Сулам» (в пер. с иврита – «Лестница») на Книгу Зоар, М. Лайтман продолжает цепочку передачи каббалистического знания современному поколению.

М. Лайтман – автор более 30 книг по науке каббала, переведенных на 15 языков, которые, по существу, являются углубленными комментариями ко всем оригинальным каббалистическим источникам. В своих работах он фактически пересмотрел традиционные взгляды на каббалу, показал ее как знание, необходимое для всего человечества.

Сегодня многолетние исследования М. Лайтмана в области науки каббала находят всеобщее признание. С 2005 г. М. Лайтман является членом Всемирного Совета Мудрости (World Wisdom Council) – собрания ведущих ученых и общественных деятелей, занимающихся решением глобальных проблем современной цивилизации.

Лекции М. Лайтмана транслируются ежедневно в прямом эфире на сайте телеканала Международной академии каббалы с синхронным переводом на 7 языков (русский, английский, испанский, французский, немецкий, итальянский, турецкий).

МЕЖДУНАРОДНАЯ АКАДЕМИЯ КАББАЛЫ

www.kabacademy.com

Международная академия каббалы (МАК) основана в 2001 году профессором Михаэлем Лайтманом. Основная цель организации – изучение и раскрытие законов мироздания.

Без знания этих законов невозможно полноценное решение как глобальных проблем общества, так и личных проблем каждого человека. Филиалы академии открыты в 52 странах мира. На сайт академии ежемесячно заходит более 4.5 миллиона человек. Информация обновляется ежедневно и выставляется на 35 языках.

Принципы методики – обучение в общении и открытая информация. Разделы сайта: «Интерактивные уроки», «Форум», «События». Все материалы находятся в открытом доступе. По окончании обучения студенты получают диплом и возможность участия в конгрессах, проводимых академией в разных странах мира.

БЛОГ МИХАЭЛЯ ЛАЙТМАНА

www.laitman.ru

От автора:
«В последнее время я обнаружил, что люди все больше осознают движение цивилизации к саморазрушению. Но одно временно обнаруживается невозможность предотвратить этот процесс. Общий кризис во всех областях деятельности человека не оставляет надежды на доброе будущее.

Каббала говорит, что это состояние человечества – самое прекрасное, потому что из него рождается новая цивилизация, которая будет основана уже на совершенно ином мышлении и восприятии реальности».

ВИДЕОПОРТАЛ – ЗОАР ТВ

www.zoar.tv

Каждый день реальность преподносит нам все новые сюрпризы, зачастую неприятные. Кризисы, катастрофы, политические передряги, природные катаклизмы, всего не перечесть. Иногда возникает такое ощущение, что мир постепенного сходит с ума, и желает непременно забрать нас с собой.

Но мы не поддаемся! Пока вдруг кто-то из нас не оказывается в центре циклона и, неожиданно, именно мы – жертвы очередного бедствия.

Почему я? За что?! А главное, что делать дальше?!!

Новый вебсайт Zoar.tv создан для того, чтобы попытаться ответить на эти вопросы. Раскрыть перед человеком изнанку происходящего; показать шестеренки, пружины и винтики механизмов, управляющих реальностью. И поставить человека перед неминуемым выбором: кто же я в этом механизме? В зависимости от этого выбора и сложится его дальнейшая судьба.

ИНТЕРНЕТ-МАГАЗИН

Содержание книг, дисков аудио и видео, затрагивает абсолютно все аспекты человеческой жизни: семья и воспитание, финансовый кризис и экология, жизнь и смерть, любовь и счастье.

Заказ можно оформить на сайте или по телефону:

Россия, СНГ, Азия
www.kbooks.ru
88001002145
(звонки по России бесплатно)
+7 (495) 649–6210

Израиль, Европа
www.kbooks.co.il/ru
+972 (3) 921–7172;
+972 (545) 606–810

Америка, Канада
www.kabbalahbooks.info
+1 (646) 435–0121
+1–866 LAITMAN

АННОТАЦИИ К КНИГАМ

ЗНАКОМСТВО С КАББАЛОЙ

ВАВИЛОНСКАЯ БАШНЯ. ПОСЛЕДНИЙ ЯРУС

Авторы книги Эрвин Ласло и Михаэль Лайтман рассматривают причины мирового системного кризиса и возможности его преодоления. Они не предсказатели, они ученые. Первый – философ, специалист по футурологии. Второй – специалист по онтологии, исследователь каббалы.

На долю нашего поколения выпало стать участниками качественного изменения жизни всей человеческой цивилизации. Мир переходит не просто к новой формации, а к качественно новому состоянию – преодолению противоречий развития. Без изменения образа мышления, переосмысления ценностей, трансформации сознания мы не сможем выжить.

ТОЧКА В СЕРДЦЕ

Чтобы не оставлять нас в этом крохотном мире больными, голодными, обездоленными и смертными, нам дана точка в сердце. Будь ты ребенок или взрослый, точка в сердце – это твой шанс ощутить себя в большом светлом мире, именно здесь и сейчас. Книга содержит избранные отрывки из материалов личного блога и ежедневных уроков каббалиста, профессора Михаэля Лайтмана.

КАББАЛИСТ

Этот кинороман о Бааль Суламе – одном из величайших каббалистов в истории человечества.

«Я нахожу крайне необходимым взорвать железную стену, которая отделяет нас от науки каббала», – написал он в одном из своих трудов. Он написал комментарии на важнейшие каббалистические труды: Книгу Зоар и книги АРИ. Он делал все, чтобы донести каббалу до каждого человека, поэтому каббалистическая газета, которую он издал, так и называлась «Народ».

Тревога за судьбы человечества, переполнявшая сердце Бааль Сулама, предопределила весь его жизненный путь.

ПОСТИЖЕНИЕ ВЫСШИХ МИРОВ

«Среди книг и рукописей, которыми пользовался мой учитель, рав Барух Ашлаг, была объемистая тетрадь, которую он постоянно держал при себе. В этой тетради были собраны беседы его отца – великого каббалиста Йегуды Ашлага (Бааль Сулама). Он записывал эти беседы слово в слово – так, как они были услышаны им. В настоящей книге я попытался передать некоторые из записей этой тетради, как они прозвучали во мне», – так пишет в предисловии к книге ее автор, Михаэль Лайтман. Цель книги: дать читателю возможность познать цель творения и помочь сделать первые шаги на пути к ощущению духовных сил.

ПОЛЕЗНЫЕ СОВЕТЫ КАББАЛИСТА: мужчине и женщине, родителям и детям

Читатель может подумать, что эта книга – о женщине, мужчине и о том, как наладить их непростые взаимоотношения. Читателю может показаться, что она – о создании успешной и счастливой семьи, об ответственных родителях, их непослушных детях и необычных приемах правильного воспитания.

И это действительно так. Но, в то же самое время, эта книга раскроет вам нечто совершенно иное. Книга составлена из бесед Михаэля Лайтмана, каббалиста и ученого, со своими учениками.

ТАЙНЫЕ ПРИТЧИ БИБЛИИ

Библия закодирована. Прочитав эту книгу, вы узнаете секреты этого кода. И тогда вы сможете прорваться сквозь внешние события, из которых она на первый взгляд состоит, к тому, о чем в ней действительно говорится. Вы поймете, почему все мировые религии признают за Библией право первенства, ради чего ссылаются на нее политики, философы, писатели... Вам откроется истина.

Эта книга – путеводитель, руководство в продвижении для тех, кто задает вопросы о смысле жизни, инструкция о том, как открыть духовный мир. Как стать счастливым.

ДЛЯ ИЗУЧАЮЩИХ КАББАЛУ

ЗОАР
Древнейший источник знания, основа каббалистической литературы – Книга Зоар, написанная метафорическим языком, – была покрыта тайной все 2000 лет своего существования. Истинный смысл текста и ключ к его пониманию веками передавался только от учителя к ученику. Разгадать секреты Книги Зоар пытались мудрецы и мыслители всех времен и народов. Эти попытки не оставляют и современные ученые.

В предлагаемое издание включены фрагменты оригинальных текстов с переводом и пояснениями М. Лайтмана, основанными на исследованиях выдающихся каббалистов и на собственном опыте.

Автор раскрывает широкому кругу читателей тайный код, с помощью которого вы можете сами прикоснуться к информации, зашифрованной древними каббалистами.

КАББАЛА ДЛЯ НАЧИНАЮЩИХ. ТОМ 1, 2
Предлагаем вашему вниманию новое учебное пособие. Книга включает следующие разделы: «История развития каббалы», «Каббала и религия», «Сравнительный анализ каббалы и философии», «Каббала как интегральная наука» и «Каббалистическая антропология». Книга составлена на основе лекций каббалиста, профессора М. Лайтмана и снабжена чертежами, справочной информацией, ссылками на аудио- и видеоматериалы и печатные классические каббалистические источники.

НАУКА КАББАЛА
Эта книга – базовый курс для начинающих изучать науку каббала.

Главная часть книги – статья «Введение в науку каббала» – написана одним из величайших каббалистов в истории человечества, Бааль Суламом. Текст приводится на языке оригинала с переводом на русский язык и комментариями Михаэля Лайтмана – преемника и последователя школы Бааль Сулама. Рекомендована читателям, цель которых – обрести фундаментальные знания о духовных мирах, и о сути высшего управления. В приложении: контрольные вопросы и ответы, альбом графиков и чертежей духовных миров.

КЛАССИЧЕСКАЯ КАББАЛА

СБОРНИК ТРУДОВ БААЛЬ СУЛАМА

Йегуда Ашлаг (Бааль Сулам) является основоположником современной каббалы. Книга содержит адаптированные для широкой аудитории статьи, впервые публикуемые на русском языке. В основном, это рукописи, которые – под руководством профессора Михаэля Лайтмана – были подготовлены к печати переводчиками и редакторами Международной академии каббалы.

Публикуемые материалы содержат глубокий анализ различных общественно-политических проблем и показывают пути их решения. Это особенно актуально сегодня, когда все человечество погружается в глобальный кризис, требующий немедленного радикального решения.

УСЛЫШАННОЕ (ШАМАТИ)

Статьи, записанные со слов каббалиста Йегуды Ашлага (Бааль Сулама) его сыном и учеником, каббалистом Барухом Ашлагом (РАБАШ). Издание составлено под руководством Михаэля Лайтмана, ученика и ближайшего помощника Баруха Ашлага.

Раскрыв эту книгу, читатель прикоснется к раскрытию смысла своего существования. Он раскроет для себя мир, в котором вечно существует его «я». Это мир человеческой души.

Каждая статья повествует о внутренней работе человека, вставшего на путь самопознания. Если вы взяли в руки эту книгу – она для вас. Вы не обязаны сразу понимать прочитанное, это придет потом. Но всю глубину мудрости, скрытую в этой книге, вы ощутите, прочитав ее первые строки.

УЧЕНИЕ ДЕСЯТИ СФИРОТ

«Учение Десяти Сфирот» – фундаментальный труд, соединяющий в себе глубочайшие знания двух великих каббалистов – АРИ (XVI в.) и Бааль Сулама (XX в.). Это основной учебник науки каббала, раскрывающий полную картину мироздания.

Материал данной книги основан на курсе, проведенном руководителем МАК, каббалистом, профессором Михаэлем Лайтманом. Вы встретите здесь полный перевод оригинального текста первой части «Учения Десяти Сфирот», включая приводимые Бааль Суламом определения каббалистических терминов. Во второй части книги «Внутреннее созерцание» автор дает глубокий и всесторонний анализ изучаемого в каббале материала.

ДЛЯ ДЕТЕЙ И ИХ РОДИТЕЛЕЙ

СКАЗКА О ДОБРОМ ВОЛШЕБНИКЕ

Сказка – это мудрость. Ведь все проходит, и только истинные сказки остаются. Чтобы рассказывать сказки, надо очень много знать, необходимо видеть то, что не видно другим…

ДЕТСКИЕ СТРАХИ

Книга «Детские страхи» – первая в серии «Методика интегрального воспитания». Она призвана помочь родителям лучше понять себя и своих детей.

Это особый путеводитель, который позволяет родителям и детям вместе справляться с возникающими страхами. Книга поможет вам понять источник страха и его цель, а также предоставит дополнительную возможность укрепить связь с детьми, по-настоящему понять их и поддержать, как поддерживают товарища в пути.

ЧУДЕСА БЫВАЮТ. ТОМ 1, 2

Сказка – верный путь к сердцу ребенка, даже если этот ребенок затаился во взрослом. Сказка – друг искренности и враг фальши. Добрая, мудрая сказка может сделать больше, чем целый ворох наставлений, – поскольку она не поучает, а напутствует, не понукает, а влечет нас к добру. В этой книге собраны сказки, которые помогут детям взяться за руки и уже никогда не терять друг друга. Пускай это покажется чудом, но ведь всем известно, что чудеса бывают.

ВОЛШЕБНЫЕ ОЧКИ

Эта книжка сказок открывает новую серию под общим названием «Сказки из будущего». Тема сборника – «Мироощущение». На первый взгляд может показаться, что это слишком возвышенное понятие для детей. Однако не будем забывать, что на дворе уже XXI век. Наши дети рождаются и растут в безбрежном информационном море, в котором даже взрослому трудно определить ориентиры. Поэтому так важен диалог родителей и детей о том, что движет человеком, к чему он стремится, как устроен окружающий мир и общество.

Мы надеемся, что сказки, идеалы которых: добро, любовь, дружба, взаимовыручка – помогут наладить этот не простой, но такой важный и необходимый диалог.

ПРОДАВЕЦ УКРОПА ИЛИ ПРИКЛЮЧЕНИЯ ВУДИ ФИТЧА

В стране наблюдаются поразительные аномалии. В результате этого возникают проблемы государственного и даже общемирового уровня. Профессор Маркус Беньямини собирает двенадцать детей с необычными способностями в особую школу на Заячьем Острове. Именно им, детям нового поколения, предстоит разрешить все проблемы человечества, раскрыв Главный Закон Природы.

Почему именно дети? Какими способностями они обладают? Какими методами решают поставленные задачи? Почему автор произведения скрывает свое имя? Все это и многое другое вы узнаете, прочитав эту книгу. В сопроводительном письме анонимный автор произведения утверждает, что детективные расследования, описанные в книге – реальны. Изменены лишь имена и географические названия…

ЭКСТРЕННОЕ СООБЩЕНИЕ! Анонимный автор «Продавца укропа» раскрывает секреты на сайте www.woodyfitch.com

ЧЕЛОВЕК – МАЛЕНЬКИЙ МИР

Эта книга сложена из коротких фрагментов – кусочков единой мозаики, спаянных в одно целое. Вместе они – емкий обзор методики интегрального воспитания, универсальной по применению, обширной по содержанию, глубокой по сути, а главное, адаптированной именно для нового поколения.

Книга предназначена всем, кому близка тема воспитания: родителям, тревожащимся за будущее своих детей, педагогам, желающим расширить кругозор, и каждому, в ком еще мерцает искра, еще живет ребенок, затаившийся в сердце.

РАЗВИТИЕ ЧЕЛОВЕКА ОТ 0 ДО 20

Дети – это наше будущее. В мире нашего завтра хозяевами будут они, и мы уже ничего не сможем изменить, но сегодня их развитие во многом зависит от нас.

Книга «Развитие человека от 0 до 20» прослеживает становление человека начиная с периода внутриутробного развития и заканчивая возрастом 20 лет – моментом вхождения во взрослую жизнь. Книга демонстрирует необычный и очень интересный подход к вопросам воспитания, отношение к окружающему миру. Речь идет о Законах природы, которые мы обязаны соблюдать, желаем мы того или нет, – чтобы не навредить себе. Все зависит только от того, насколько мы хорошо знаем эти законы и их следствия.

ПСИХОЛОГИЯ ИНТЕГРАЛЬНОГО СООБЩЕСТВА

Мир, в котором мы сегодня живем, – глобальный, интегральный. Это значит, что все его части полностью взаимозависимы, и каждая часть определяет судьбу всех.

Таким он проявился благодаря прогрессу. Начиная с этого момента, нет места распрям между частями мира, потому что все, противоречащее интеграции, противоречит прогрессу, эволюции, закону природы. Абсолютная связь всех частей мира должна быть осознана нами, как факт.

Человек, который правильно войдет в интеграцию, от этого выиграет. Он не просто будет воспитанным, у него будут необходимые навыки для выживания. Выживет только тот, кто поймет, что интеграция, взаимное поручительство, уступки, объединение – это зов природы. А цель природы – привести человечество к подобию себе – к гармонии и совершенству.

Беседы с Михаэлем Лайтманом

НЕВЕРОЯТНЫЕ ОТКРОВЕНИЯ КАББАЛИСТА

Редактор: Н. Крупинов, И. Колединцев
Корректор: И. Колединцев, Н. Серикова
Графика и дизайн: А. Мохин
Выпускающий редактор: С. Добродуб

ISBN 978-5-91072-040-8

Подписано в печать 15.08.2011. Усл. печ. л.15,5.
Тираж 3000 экз. Заказ № 3766.

Отпечатано с электронного оригинал-макета, предоставленного издательством, в ОАО «Рыбинский Дом печати» 152901, г. Рыбинск, ул. Чкалова, 8.
e-mail:printing@yaroslavl.ru www.printing.yaroslavl.ru

www.ingramcontent.com/pod-product-compliance
Lightning Source LLC
LaVergne TN
LVHW040046080526
838202LV00045B/3512